逃げてもええねん

弱くて強い男の哲学

坂口智隆

ベースボール・マガジン社

はじめに

2022年限りで20年間のプロ野球現役生活に終止符を打ちました。近鉄、オリックス、ヤクルトの3球団でたくさんの出会いに恵まれ、ケガで傷だらけになりながらも最後まで走り切れたと思います。

現役引退の余韻に浸ることなく、「セカンドキャリア」が始まっています。野球の解説、テレビやYouTube番組の出演、子どもを対象にした野球教室といろいろな仕事をさせていただいていますが、言葉で伝えることは本当に難しい作業だなと感じさせられます。反省の日々を送りながらも、新しいことに挑戦できる機会を与えていただけていることが、ホンマにありがたいです。

メディアのインタビュー記事で、現役時代や学生のときを振り返る取材が増えました。そのときに、この書籍出版のお話をいただきました。「僕なんかでええんかな……」と思いつつも、本を手に取ってくれる読者の方々に伝えたいことはなんだろうと考えたときに浮かんだのが、人生に悩んだり、疲れたりしている人たちのことでした。

学校、職場で居心地がよくなかったり、自信が持てなかったり、家事や育児に悩んでいたりする方もいらっしゃると思います。僕の身近な人にもいます。心が追い込まれた人たちのニュースを見ると、悲しい気持ちになって、「少しでも楽な生き方をしてほしい」という思いを強く感じるようになりました。

これは引退してからでなく、現役時代からのことです。SNSが普及して、だれとでもすぐにつながれる便利な時代になっているのに、生きづらさを感じている人が少なくない。なんでやろなって……。

僕は学生時代に勉強が優秀だったわけではなく、野球一筋の人生だったので、みなさんに「人生のアドバイスをする」なんておこがましいことは考えていません。ただ、この本を読んで僕の生き方を知ることで、「なんだ、坂口もずっと悩んでいたんだ」、「逃げ道をつくることは悪いことではないんだ」、「人生、逃げてもやり直せるんだ」と、心が軽くなってくれればと思います。

現役時代に「ケガに強くて試合に出続ける」、「どんなにつらくても弱音を吐かない」と武骨でストイックなイメージが定着していましたが、本質は違います。学生時代はいかに練習をサボるか考えていたし、ケガに強いわけでもない。ユニフォームを脱げば、プライベートが多趣味で充実しているわけではなく、打てなかったことにずっと悩んだり、不安で眠れなかったりの日々を送っていました。

自分に特別な才能があるわけでもないし、プラス思考なわけでもない。外見は強面な雰囲気なので誤解される（笑）。でも自分の考え方次第で、景色の見え方が変わっていきます。

つらいことを我慢するのが、かっこいいとは思いません。ときには逃げてもいいと思います。自分の人生は自分でレールをつくれば心が楽になります。応援して支えてくださっている方、坂口のことを知らない方にもこの本を手に取っていただき、少しでもお役に立てれば幸いです。

目次

第7章 生きていることが幸せ

協力
侍athlete株式会社
東京ヤクルトスワローズ
オリックス・バファローズ

デザイン
PAARE'N

写真
阿部卓功
和田悟志
ベースボール・マガジン社

撮影協力
炬屋EISHIN

構成
平尾類

校閲
プロランド・山竹杏子

第1章

逃げ道をつくる

01 つらくなったら逃げればいい

僕は大阪近鉄バファローズで野球人生をスタートし、オリックス・バファローズ、東京ヤクルトスワローズと、3つの球団で20年間プレーさせていただきました。人に恵まれた人生だったなぁとつくづく感じます。

もちろん、思うような結果が出ずに悩むことは日常茶飯事でしたが、人間関係で深く悩んだ記憶はない。気が合う人とは合う、合わない人とは合わないと、あまり執着しなかったからかもしれへんけど。ただ、交友範囲は広くはありません。親しくなった人とはよく話しますが、親しくなるまでには時間がかかる。接し方や伝え方で、あとから迷うこともよくあって、人との付き合いは簡単ではないと思います。

周りを見ると人間関係で悩んでいる人が多いことに気づかされます。書店に行っても、「人間関係はどうすれば円滑にいくか」、「愛される人になる秘訣」など、対人関係に悩む人向けの本が多いように感じます。

人間関係だけではなく、みんないろいろなストレスと戦っている。もちろん、適度なストレスは必要だと思いますが、自分の心が壊れるような状態まで追い込まれるのは避けないといけません。

この本で書いているのは、あくまで僕個人の意見です。勝手な持論なのですが、精神的につらくなって限界が近いと感じたら逃げればいいと思う。

逃げることがネガティブとは思いません。自分の心のバランスを保つために身を置ける場所へ逃げることは、すごく大事だと思います。

例えば学校でいじめにあって、どうしても行きたくない。いじめを乗り越えろという考え方があると思いますが、僕は心がつらい状況で我慢して学校に行く必要はないと思います。家族に心配をかけたくないから我慢して行くという思いがあるかもしれないけれど、親や身近な人に打ち明けることで「学校に行かない」という決断も、大きな勇気やと思う。

職場だって同じです。上司や先輩にパワハラにあっているのなら、仕事量が多すぎて体に異変が起きたなら、SOSを出したほうがいい。そのSOSを理解できない職場ならやめたほうがいいんじゃないかと思います。勉強は嫌だから、仕事がうまくいかないからという単純な理由で逃げたり、放棄したりするのは違うと思うけれど、我慢が限界を迎えたときに勇気を持って逃げるのは大事なことだと思う。

こう言うと、坂口だから強気に言えると思われる方がいらっしゃるかもしれませんが、風貌で誤解しています（笑）。僕だって気にしぃな部分があります。気になることがあったときに、なんの迷いもなく勇気を持って相手に伝えられるかというと、そういう性格ではない。発言することで誤解されたら嫌だなぁって悩むし、自分が我慢すれば済む話だなと思うときもある。でも、そこで耐えるのは強さじゃない。どうにもならない状況で逃げることが、強さ、賢さにつながると思います。

2015年、11年間在籍したオリックスに自由契約を申し入れたとき、僕の中には大きな葛藤がありました。大幅減俸の提示を受けて決断したという記事がありましたが、金額の問題ではありません。野球人として自分が勝負できる場所を探したかった。大好きなチームで、仲間、ファンのみなさんとともに優勝したいと僕は話していたし、実際に思ってもいました。それなのに、その場を離れる決心をした。あれもひとつの「逃げる」という選択だったのかもしれません。

逃げることで、たとえ夢から一時的に遠ざかっても戻れます。遠くなるのがよくないと思うかもしれへんけど、行き止まりではない。逃げるのはネガティブじゃなく、ポジティブな道に進むための第一歩。逃げたあとの行動が大事で、自分が選んだ道で全うすれば、また夢に近づけると思います。

目標にたどり着くために、逃げるという選択肢があることも頭の中に入れておけば、精神的に楽になります。部活で体調が悪かったら無理しなくていい。家事がしんどいなと思ったら、少し休んでもいいのです。今日中にこれだけを片づければいいと目標を決めて、少し休息を取ってリフレッシュする。ずっと張りつめていたらしんどいです。「つらい」という心の声に向き合うことが大事だと思います。

02

挫折を味わってもやり直せる

僕はオリックス時代、センターでレギュラーだった時期にゴールデン・グラブ賞を四度いただき、2011年には最多安打のタイトルを獲得しました。ただ、この年は打率・297と3割に届いていないので、喜びはあまりありません。651打席も立たせてもらったのでチャンスメークする責任がある。出塁率は・359と高くなくて、一番打者の役割を全うしたかといえば、そうは思わない。モヤモヤした思い出です。

その後に故障もあり、出場機会を減らして15年限りでオリックスを退団することを決めました。神戸は地元ですし、オリックスファンも熱い声援を送ってくれたし、一生の仲間といえるチームメートと巡り会えたことは大きな財産でした。ただ、若返りを図るチーム事情で自分の立ち位置を考えたときに、新しい環境でやり直したほうがいいと思ったのです。

もちろん、退団しても獲得に名乗りを上げる球団が現れるとは限らない。そこは覚悟の上でした。もしNPBで現役続行が叶わなかったら、そこまでの選手だったということ。引退を覚悟するところまでは考えていませんでしたが、冷静でした。

オリックスにはなんのわだかまりもありません。チャンスをいただいたのに結果を出せなかった自分が悪い。若手のときに結果が出なくても使い続けてくれた歴代の監督、首脳陣の方に感謝の思いしかありません。

そして、移籍したのがヤクルトでした。当時31歳。「坂口は全盛期を過ぎた選手」という見方が多かったのもわかっていました。でも、僕はこういう状況が好きなのです。「なんとかひっくり返してやろう」と燃える（笑）。

ヤクルトでは移籍1年目から外野のレギュラーで起用していただき、3年連続150安打以上マークできました。拾ってくれたヤクルトに恩返しがしたいという一心でした。結果を残せたのは、スタメンで毎試合起用していただいたことが大きな要因だと思います。試合に出たり出なかったりだと、なかなか修正点がつかめずに好調を維持できない。やりやすい環境をつくっていただいた首脳陣、スタッフのみなさん、快く受け入れてくれた選手たちのおかげです。

でも、満足できる結果かというとそうではない。一番打者として打席に立たせてもらっている以上、打率と出塁率にはこだわりがありました。16年に141試合に出場し、打率・295、17年には136試合出場で打率・290といずれも3割に届かず、「なんで、あと（打率3割までの）1分、5厘が届かないんや」と悔しかった。

だから、18年に139試合出場して打率・317、自己最高の出塁率・406をマークしたときは、チームにようやく貢献できたかなとホッとしました。

ヤクルトで再スタートを切りましたが、7年もプレーできるとは思いませんでした。一年一年の積み重ねで必死にやった結果で、僕がすごいわけではありません。

失敗や挫折を経験しても、だれでもやり直すことができると思います。例えば、学生だったら他の学校に転校する選択肢があるし、高校を退学しても高卒認定試験の資格を取れば、大学受験に挑戦できる。社会人の人たちも、転職が珍しくない時代になっています。プロ野球の世界しか知らないので、転職をした人の気持ちはわからないですが、キャリアアップだけでなくて、今の職場がつらくてもう一度やり直したいという事情も、転職の立派な理由だと思います。

僕の場合は転職じゃないけれど、3球団でプレーして、それぞれのチームカラーを経験しました。でも、野球をやるという仕事の内容は、どの球団に行っても変わらない。新たな環境でまた人間関係を築く必要がありますが、大人だから口もあるし、考える頭もある。グラウンド外のことばかり気にしすぎても仕方がありません。自分の役割を全うするのに夢中でした。

挫折して再スタートを切るときは苦労があると思います。でも、その苦労が報われたら喜びは大きいですし、自信も得られます。挫折を後悔しても前に進めません。成長の糧になると思ったほうが、気持ちは前向きになると思います。

03 怒りを感じたときは自分を演じる

私生活で怒ることがほとんどなくなりました。車を運転していて、急に横から入られたときは「あぶなっ」と思うけれど、怒るまではいかない。若いときに比べて、怒ることが年々減っているような気がします。

ヤクルトでチームメートだった（上田）剛史が、YouTubeで僕のエピソードを話してくれていましたが、あの話は本当です。あらためて説明しましょう。

現役時代に「男気じゃんけん」が流行った時期があり、広島遠征でチームメートたちと食事をしたあとに、じゃんけんで勝った人がコンビニで、みんなの分をおごることになりました。僕が勝っておごることになったのですが、次から次へといろいろな商品がかごの中に積まれていって、中にはiTunesカードなども入っていました。会計をしたら、なんと10万円超え。剛史は僕が怒らなかったことに驚いていたと話していましたが、びっくりはしましたよ。ただ、怒るという感情にはならないですね。甘えてくれてかわいい後輩やなと。いい思い出です。僕を先輩でなく友だちと思っている可能性がありますが（笑）、みんなハッピーならＯＫです。

私生活では腹を立てることが皆無に近いですが、シーズン中はイライラするときが多かったです。野球選手なので、グラウンドでのプレーに納得できなかったら、自分に腹が立つ。うまくいかないことのほうが多いので、毎日のように悩みます。シーズンに入ったら車の中は、考え込む時間でした。イライラしたり、怒ったりしている姿を周りに見せるのが嫌だったのです。自分が考え込む姿をチームメートがいる場所に持ち込んだら、空気が悪くなる。みんながワイワイしているときにだれかが落ち込んでいたら、マイナスの空気になってしまいます。

落ち込むときは、一人のときでいい。イフイラする姿を隠していたわけではないけれど、ずっとイライラしている人を見ると嫌な気分になる。だからそうしないように演じていた部分があったのです。

「どういう人になりたくないか」を考えて、行動することは大事だと思います。

オリックスでレギュラーを獲って、年を重ねるようになると、周りに見られているという意識を強く感じるようになりました。

僕は目立ちたい性格なので、プレーを見て応援していただけるのが本当にありがたかった。でも、いつも機嫌がいいときばかりではありません。プレーでいい結果が出ないとモヤモヤして、日常生活でもその気持ちを引きずっていることがありました。そのときに、なりたくない人を考えて、「なりたい人を演じる」のが大事やなって。

イライラした姿を、知っている人だけでなく知らない人にも見られていると考えたとき、みっともないなと感じるようになったのです。もしかしたら、僕を応援してくれるファンにイライラした姿を見せているかもしれない。その方たちを悲しませたり、ガッカリさせたりする態度や行動はやめようと思うようになりました。

グラウンド外の行動でも、応援されるにふさわしい選手でいたい。だれも知り合いがいない場所での行動、立ち振る舞いには特に気をつけていました。そういう状況で人間の素が出ると思うのです。一人で行動するときは、とりわけその感覚を大事にしていました。友だちがいてふざけるのはいいかもしれへんけど、一人でふざけていたらヤバい人になってしまう（笑）。それと同じで一人で怒っていたり、イライラしたりしていたら、周りにいるのが知らない人でも空気が悪くなる。機嫌が悪いときに自分の気持ちとどう折り合いをつけて行動するかは大切です。

最初は偽善者でもいいと思うのです。「こうなったらかっこいいな」や、「こういう指導者、先輩の話を聞きたいな」と感じる人間を演じる。周りから「あいつ、かっこ悪いな」、「ひねくれてきてるな」と不快に思われる人間になりたくない。「なりたくない人間」を先に決めれば、怒りの感情を表に出すことにブレーキがかかると思います。

ヤクルトでの最後の数年間は、ファームで過ごす時間が長くなりました。ベテランと呼ばれる年齢になり、ひと回り以上離れた若手たちにも見られている。このときは特に立ち振る舞いを大事にしていました。

一軍で戦力になりたい気持ちは当然あり、ファームでプレーしている自分に悔しさ、歯がゆさを感じていました。でも、そこで怒りや投げやりな態度を出したらチームに悪影響を及ぼす。

僕はみなさんから「最後の近鉄戦士」と呼んでいただきましたが、若手の中には近鉄を知らない子もいます。近鉄があったときに生まれていないので、映像の世界でしか見たことがない。そういう選手たちの前で、腐った姿は見せられません。近鉄の看板にも傷をつけることになるでしょう。

言葉はうまく伝わらないこともある。まず行動で示すことで信用してもらえると思いました。

内川（聖一）さんの存在も心強かったです。ファームで一緒にプレーしていましたが、一切妥協をせずに野球に真摯に向き合っていました。通算2000安打以上打っている方が努力を積み重ねる姿を見ていたら、こちらも背筋が伸びますよね。

「なりたい自分」を演じることで、いつしかその人格が自然体になると思います。ポジティブな言葉を吐くのが習慣になれば、「かっこいい人」になれるのではないか。それは一朝一夕で変わるものではありません。それこそ何十年もかけて努力しないと人格は変わらない。僕もまだまだ修行中の身です。

「怒らない人」のキャラクターが立ってしまえば、その反対の行動をしなくなる。自分でも怒ることが違和感になると思うのです。人前で感情をしっかりコントロールして、信用される人間は、たまに失敗しても許される。怒りを自分の中で制御するためには、怒らないキャラクターを確立するのが大事だと思います。


怒るのが一概に悪いわけではないのも事実です。それが自分を突き動かすエネルギーになるときもある。ただ、怒りを露わにして、周りに迷惑をかける行動はよくありません。

僕は年を重ねて「自分がなりたくない人間」を意識することで、怒らない術を覚えました。

みなさんも日常生活や仕事で、怒り、苛立ちを感じるときは当然あると思いますが、そこでどういう態度をとるかで、人間性が問われます。

怒りを鎮めてやり過ごしたことが、実はたいしたことではないというケースが少なくない。見境なく怒りを態度に出すと、負のスパイラルに入りやすいと思うのです。怒りを感じたときはひとまず冷静になり、「なりたい自分を演じる」ことをおすすめします。

04 成功へのレールを自分でつくる

失敗するのは怖いです。その気持ちは自分もわかります。ただ、失敗をどうとらえるかで精神的に楽になるときがあります。

僕が心がけているのは「自分のレールをつくること」です。

オリックスで結果が出ないシーズンが続き、15年オフに自由契約になったとき、「坂口は終わった」という見方が多かった。でも、このレールに乗るとマイナスの感情を抱えて失敗が怖くなる。

自分自身でレールをつくることを意識しました。俯瞰して冷静に考えたとき、オリックスの最終年に打撃で手ごたえをつかんでいた。この感覚を大事にして見返そう。復活すれば大きくメディアで扱ってもらえる。ダメだったら仕方ない。自分のやるべきことをやろうと決めたのです。

救いの手を差し伸べてくれたのがヤクルトでした。獲得してもらった以上、なんとか恩返ししたい。一人でチームを勝たすことはできませんが、チームのピースにハマって、獲ってよかったなと思われることが使命だと思っていました。

そのためには、スタートが大事です。実績のある選手は開幕までに間に合わせればいいという感覚ですが、僕はレギュラーを確約されている立場ではなかったし、競争を勝ち抜いて他の選手との違いをアピールしなければいけない。

そこで、春季キャンプ中の初の実戦にすべてを賭けていました。経験がある分、練習ならある程度の動きができます。大事なのは実戦です。ここで、「坂口はまだできる」と思わせられるかどうか。初実戦の出場がいつになるかは、わかりません。シート打撃、練習試合かもしれない。公式戦に比べて注目度は高くないですが、大げさでなく、僕はこの初実戦に野球人生のすべてがかかっていると思いました。

1月の自主トレで手伝ってくれた仲間と誓った目標は、「ヤクルトでの初実戦で絶対に3安打する」。これだけです。開幕一軍スタメンや、打率3割を打つなどシーズンのことまで考えていません。入りがよければアピールできる。「坂口はまだやれる」と首脳陣に評価してもらうことが何より大事だったのです。自主トレ中のしんどい練習のときも、「初実戦で猛打賞やろ！」と仲間が励ましてくれました。

運命の日は、2016年2月13日のDeNAとの練習試合（浦添）。8カ月ぶりの実戦出場でしたが、集中力が研ぎ澄まされていました。「一番・中堅」でスタメン起用され、初回に砂田毅樹投手（現中日）の初球の直球を左前に運ぶと、3回はスライダーを右前打。5回には、三嶋一輝投手に2ストライクと追い込まれながらスライダーを中前にはじき返しました。猛打賞です。自分の中で掲げた目標をクリアしました。

最高のスタートダッシュを切り、上昇気流に乗れた。

僕の中では、あの試合が開幕戦でした。

傍《はた》から見れば、初実戦で3安打することにどれほどの意味があるのかと疑問に思うかもしれません。確かにその意見も一理あります。ただ、僕が成功へのレールを考えてつくったときに、初実戦で猛打賞は「ヤクルトの坂口」として踏み出すための大きな目標だったのです。オリックスでは、ある程度やって結果を残して、首脳陣に気を遣われていました。

ヤクルトに来て、もう一度レギュラーを獲らないといけない立場になり、今までの自分から「変えなきゃいけない」、「オリックスの坂口というイメージ通りに進んではいけない」と考えていた。そのためには一日も早く実戦で、「ヤクルトの坂口」としてアピールすることが重要でした。

3安打した練習試合の1週間後に始まった、この年のオープン戦は58打数22安打で打率・415をマークし、シーズンでは141試合出場で打率・295、155安打を記録しました。

自分の中でターニングポイントを設定することで、体が突き動かされる。

僕は、自分のメンタルが強いとは思いません。ストイックに見られがちですが、妥協をします。練習だって集中できないときは短い時間で切り上げる。

だからこそ、自分で勝手にレールをつくってしまえばいい。

もし、初実戦で3安打できなかったら、また違うレールを自分の中でつくればいいのです。失敗して元々、でも成功するためには最大限の努力をする。周りが決めたレールに乗って失敗を恐れるのではなく、自分で敷いたレールの上を歩けばよいだけなので精神的に楽です。成功体験を積み重ねれば、自信を取り戻して不安が薄くなります。

　僕は幼少のときにエレクトーン教室に通っていました。1曲を弾けるようになるには時間がかかります。練習では1小節ずつ、最初は右手、その後は左手、今度は足とそれぞれ覚えます。先生からは「この箇所を弾けるように」と課題を出されますが、僕はそこで、左手や足は間違えてもいいから、レッスンの日までに右手で完璧にできるようになろうと練習を繰り返していたのを覚えています。

「1曲を弾けるように」と目標を立てると、気が遠くなるような作業になりますが、何かを捨てて、やることを絞れば気が楽になる。小さなことをコツコツ積み重ねれば目標達成に徐々に近づける。失敗したら何度もやり直せばいい。1曲弾けるようになったとき、その過程が大きな成功体験になります。

　大きな目標を達成するための道は、十人十色です。自分で成功へのレールをつくってみてはいかがでしょうか。

05 セルフプロデュースの重要性

みなさんは、僕に対してどのようなイメージをお持ちでしょうか？　武骨、昭和感、愛想がない……（笑）。よくいわれるのは「ケガに強い」です。

引退セレモニーで、髙津臣吾監督にありがたいお言葉をいただきました。

「グッチ、坂口。なんとなく昭和感の残る、痛くても痛いと言わない男。しんどくても歯を食いしばってプレーする姿は、われわれが若手に指導するよりも、何よりも若い選手の刺激になったと思います」

髙津監督には二軍監督のときからお世話になりました。なかなか力になれなかっただけに申し訳ない気持ちがありましたが、一緒に野球をさせていただいたことが本当にありがたかったです。

意外に思われるかもしれませんが、僕自身は正直、ケガに強い意識はまったくありません。高校のときは、「痛い」と言えば練習をサボれるので、よく痛みをアピールしていました（笑）。体は強いほうじゃなかったと思います。線が細くて腰痛やケガが多かったですし、高2のセンバツで甲子園に出場した際は投球時に足がつり、マウンド付近に寝転がってストレッチする様子がNHKで映って、話題を呼んだときもありました。本人はなんとか治そうと一生懸命なだけだったのですが。

そもそも、ケガに強かったらケガをしない。これもとらえ方やと思います。ただ、「ケガに強い」という印象を、僕に持っていただいたのはありがたかった。若いときにはそうした意識がなかったけれど、マスコミのみなさんにもケガからの復活を何度も美談にしていただきました。セルフプロデュースに成功したのかな（笑）。

確かに、僕はケガをしたあとの復帰は早かった。痛みの逃がし方が人より早い自信はあります。肉離れしたことに気づかないときもありました。腰のレントゲンを撮ったときに、違う箇所の肉離れに気づいたり。

個人的な考えとして、「動ける体なら動けばいい」と思っていました。特に、若いときは体の知識がなかったし、とにかく試合に出たかった。チームに迷惑をかけるなら外れるけれど、結果が出るのであれば休む必要はないかなと。

僕の経験則ですが、ケガを発症して3日経てば痛みが軽減する。3試合出て我慢したら、4試合目から痛みが半減する。だから3日間は頑張る。医科学的な見地ではなく、個人的な見解ですよ（笑）。

ケガをしても練習を軽くして、試合に出られればいいと思っていました。こう考えていた選手は、当時僕だけではなく多くいたと思います。骨折しても肉離れしても試合に出る選手は周りにいました。時代といわれたらそれまでだし、賛否両論あるのは理解しています。僕が指導者になってケガをした選手を見たら、「将来のために我慢したほうがいい」とブレーキをかけるでしょう。

ただ、昔の僕は休む我慢強さがない。ミスしても選手生命を絶たれても、それが自己責任だと考えていた。チームに迷惑をかけない前提で、自分の居場所、仕事は自分でつかまないといけない、手放しちゃいけないという信念がありました。代わりの選手はいくらでもいるし、休んで試合に出るチャンスを失うほうが後悔する。

だから、ケガをしても強行出場することが、すごい決断だとは思いません。それが当たり前だと思っている。チームに必要だからスタメンに名前を書いてくれる。信用してくれた首脳陣の下でプレーできたことを感謝しています。

現役時代は、極力病院に行きたくなかった。肉離れや骨折が見つかったらドクターストップがかかる。若手のときはケガをしても病院に行くことは少なく、オフのメディカルチェックのみでした。球団や個人のトレーナーには本当に迷惑をかけました。「試合に出るから痛みを消してくれ。無理なら半減させてほしい」と無理難題をいつも言っていましたから。アキレス腱を傷めたときは普通のテーピングだと痛いので、アメフト用の硬いテーピングでスパイクと足首を一緒に巻いて固定してプレーしたこともありました。

トレーナーの方々には、いろいろな意見をいただいて感謝しかありません。僕が「ケガに強い」というイメージをつくってもらったのは、トレーナーや治療院の先生方のおかげです。

年を重ねると治療に割く時間が増えました。ヤクルト時代は痛みと付き合うのが日常でした。チェックする部分が増えて、治療時間も長くなる。球場ではチーム、試合が終われば個人契約のトレーナーに体を診てもらいました。プロの世界で20年間、38歳までプレーしましたが、年々年取ったなぁと感じるようになりましたよ。体中ボロボロで、ひどいときには寝返りを打つこともできなかった。朝起き上がるときも一苦労でした。現役引退した今は、ケガの心配をしなくていいのが一番ホッとしています。

実際にケガに強い自覚はありませんでしたが、「ケガに強い自分になりたい」という意識はありました。

この「なりたい自分」は、みなさんの中にもあると思います。学生だったら「受験で第1志望の学校に行きたい」、管理職の方だったら「部下に信頼される上司になりたい」、などでしょうか。この意識がセルフプロデュースの第一歩になると思います。

第1志望の学校に行きたいなら、テストでどれくらいの点数が必要か。得意教科と苦手教科を分析して、得点を増やす方法を考える。部下に信頼されたいなら、コミュニケーションをとることが大事になってくるでしょう。部下のやりたい仕事、悩みに耳を傾ける。口下手な方は背中で引っ張るのも一つの方法です。自分が結果を残し、部下をサポートすることで信頼関係が強くなる。

　セルフプロデュースの方法は一つだけでなく、それぞれのやり方があります。「なりたい自分」が見つからない人もいるかもしれない。そのときは、あせらずに日々を過ごせばいいと思います。目標や夢中になれるものを見つけたときに、セルフプロデュースすればいい。人生は何歳になっても、始めるのに遅すぎることはないと思います。

06

ピンチを楽しめ

人生は山あり谷ありです。楽しいときばかりではありません。学校生活が楽しくなかったり、仕事がうまくいかずにイライラしたり、子育てで悩んだり、それぞれの境遇でいろいろな悩みを抱えていると思います。

プロ野球選手も一緒です。シーズン中は毎日のように試合をして、打率が変動したり、評価が変わったりしていく。僕も現役時代は毎日のように試行錯誤を繰り返し、「なぜ打てなかったのか」、「あの球に手を出したのは正解だったのか」など悩んでいました。

プロの世界はチームの一員として優勝を目指す一方、個人事業主の側面もあります。チームが求める成績を残せなければ、ユニフォームを脱ぐことになる。一日一日が勝負なので、次の日の試合までに気持ちを整理しないといけない。

僕は決してプラス思考の性格ではありません。悩むときはとことん悩み抜く。一方で、「ピンチのときこそ楽しむ」精神を大事にしていました。

今まで多くのケガに見舞われましたが、野球人生最大の危機を迎えた大ケガが、「一番・センター」でスタメン出場した、12年5月17日の巨人戦（東京ドーム）でした。

初回の守備で無死一、三塁から坂本勇人の飛球をダイビングキャッチした際、体の下に右腕を巻き込む形で右肩を強打しました。

打球を追っているときに「ギリギリ捕れるな」と思って飛び込んだのですが、（三塁に）走者がいたのでスッと投げることを意識したのがよくなかった。打球の角度を考えれば、捕って終わりでよかったのですが、送球のことが頭をよぎり、考え方が中途半端でした。

ケガをしたことに後悔はないんですけどね。グラウンドに倒れ込んだあのとき、最初は「あばらが折れました」とトレーナーに伝えました。でも実際にあばらは折れていない。痛すぎて息ができなかったので勘違いしていたのです。痛みで意識が飛びそうでしたが、「さらしを巻いたらできるな」と思いました。応急処置をして試合に出続けるつもりでした。

でも肩を見たら、ぐにゃぐにゃになって骨が浮いていて。力を入れることができないことに気づいたとき、「これはヤバい」と……。そのまま負傷退場して、都内の病院に向かいました。検査結果は右肩肩鎖《けんさ》関節の脱臼、靭帯《じんたい》断裂の大ケガでした。

当時はレギュラーを獲って、27歳と選手として一番脂がのり切っている時期でした。チームを引っ張らなければいけない立場にもなり、試合に出る以上きっちり結果を残さなきゃいけない。そんな中、大ケガで長期離脱しなければいけない現実はショックでした。右肩は投げるほうだったし、完治するかもわからない。メチャメチャ悔しかったし、翌日にチームから離れて新幹線で大阪に帰るときも落ち込んで、食事さえとれなかった。

右肩の状態に絶望してやめることばかり考えていましたが、2、3日経ったら考えが変わっていました。治らんし、治らんものは追っかけても仕方ないと。ケガは

12年5月17日、東京ドームでの巨人戦。ダイビングキャッチのファインプレーを見せたが、これが野球人生最大の危機となる大ケガにもつながった

しましたけれど、あの打球を落とさず捕っていた。ケガをした場面が何度もテレビで流れていましたが、ファインプレーだったという見方もできる。チームに迷惑をかけたことは申し訳ないと思いましたが、「好捕してアウトにした」という意識を強く持つようにしました。

これで万が一引退しても、あのプレーのケガが原因だといえる。「アウトだし美談やな」と勝手に自分で思い描いた。こんな大ケガから復活したらかっこいいし、これでアカンとなったら仕方ない。自分のやるべきことをやろうと。

もちろん言葉にして周りに伝えたわけではありませんが、そう考えると、精神的に楽になる。僕は窮地に追い込まれたときに、逃げ道を絶対につくります。そうしたほうが楽に生きられるから。「ピンチを楽しむ」のも、その延長線の考え方だと思います。

あのケガでリハビリに入ったのですが、野球だけでなく日常生活にも支障をきたしました。三角巾で右腕を固定しなければいけないので、右手が動かせない。リハビリ中はすべて左手を使っていました。箸をうまく使えず、食事の時間も遅くなる。

お風呂で背中を洗うのが一番大変でした。左手だけでは厳しいので、浴室の壁につけた吸盤に石鹸をセットして、背中をくっつけて洗っていました。
もちろんイライラするときもありました。今まで簡単にできていたことが、思うようにうまくできない。でもこういうときこそ健康のありがたみを感じる。ケガをしなければわからないことでした。

右肩の回復は予定よりかなり遅れました。回復のペースを「何週間でここまで上げる」と計画していましたが、なかなか右肩の状態がよくならない。ただ、あせったり気持ちがふさぎ込んだりすることはなかった。どこか、俯瞰してこの状況を見ている「もう一人の自分」がいました。回復が遅れているということは、それだけケガの重大性が伝わるなと。「悲劇のヒーロー」ではないですが、そう考えたほうがリハビリのモチベーションも上がります。

シーズン復帰は絶望と報じられていましたが、9月7日のウエスタン・リーグ・中日戦（北神戸）で戦列復帰しました。このときに右肩はまだ完全には治っていません。それでも試合に出場したのは自分の強い意思でした。

キャッチボールは塁間を山なりで投げられるぐらいで、スライディングもできないので、復帰当初は打席に立つだけでした。シーズン終盤に差しかかり、試合に出続けてケガを治すことができると思って試合に出た。強行出場した理由はそれだけです。長期離脱でチームに迷惑をかけていましたしね。

「万全の状態に戻るまでリハビリに専念すべき」という考え方も理解できます。ただ、当時の僕は「試合に出られる状態なら出る」というシンプルな考えでした。痛みを抱えて試合に出ることを美談にするつもりはないですし、後輩にもすすめませんが、「この大ケガから復帰したらかっこいい」というレールをつくり、ピンチを楽しむ気持ちを持ち続けたからこそ、シーズン中に復帰できたのかもしれません。


振り返ってみれば、この大ケガで多くを得られました。日常生活を不自由なく送れることのありがたみを再認識して、野球のプレーでも大切なことに気づきました。

しっかり投げられるまで5年ほどもかかったことからわかるように、以前のような肩の強さを想定してプレーできない。ただ、僕はもともと球界を代表する強肩の外野手と比べれば見劣りする。肩の強さだけで走者を刺すプレースタイルから変える必要がありました。ケガをしたことで、強い球を投げられない分、捕っていかに早く送球できるか、コントロールには自信がありましたが、より正確に内野のカットマンに投げる技術を磨こうと意識するようになりました。ケガをして遠回りしたからこそ、早い時期に気づけました。

ヤクルトで一塁に挑戦した18年も印象深いです。あの年は青木宣親さんが2月の春季キャンプ中にメジャーからヤクルトに復帰されました。青木さんが中堅を守り、バレンティンが左翼、雄平が右翼の布陣になり、僕は外野だけでなく、一塁に挑戦することになりました。

一塁は人生で一度も守ったことがないポジションでしたが、試合に出られるならどこでもありがたい。でも、新聞で開幕前のスタメン予想を見たら自分の名前がない。一塁の守備が素人同然からのスタートなので無理もないのですが、1社も載っていなかったので「この評価をひっくり返してやろう」と燃えました。一塁守備がうまくできるかどうか不安はあったけれど、それ以上にワクワクしていました。

ピンチや逆境のときこそ、得られることがたくさんあります。「若いときの苦労は買ってでもせよ」ということわざがありますが、身に染みます。最短距離で成功に到達するのが理想かもしれませんが、苦労を重ねることで新たな発見がある。挫折した人の気持ちも理解して寄り添える。命を取られるわけではないですし、ピンチを楽しもうとすれば気持ちが吹っ切れると思います。

07 会話はポジティブな言葉で締める

新型コロナウイルスが世界各地で流行したことで、私たちの生活が大きく変わりました。人との接触を極力避けるように言われ、外出する際はマスクが手放せなくなりました。飲食店や対面での商売で生計を立てている方々は、本当に大変な思いをされています。小、中学校で子どもたちが「私語厳禁」で黙食している姿を見ると、複雑な気持ちになります。友だちと仲よく話したいのに、そんな自由も奪われてしまう。大人だけでなく、子どももストレスを抱えて生活していると思います。

プロ野球界もコロナ感染を防ぐため、各球団でさまざまなルールが設けられるようになりました。感染拡大が急速に広がっていた時期は外食禁止になり、遠征先でもホテルの部屋で各自が個別で食事をとっていました。その後も、外食は許可されましたが遠征のたびに、「人数は何人まで」、「店の滞在時間も何時間まで」と細かく決められました。

感染拡大を防ぐために致し方ありません。選手たちは感染のリスクを考えると、外食許可が出ても、食事に誘うことがはばかられます。

コロナ禍で気づいたのは、選手たちと食事に行く時間が自分の中で大きなウエートを占めていたということです。

趣味は人それぞれです。読書、映画鑑賞。ゲームが好きな人もいる。僕の場合は先輩、後輩たちとご飯を食べるのが一番の楽しみでした。コロナ禍で、その楽しみを奪われたヤクルトの最後の3年間は本当につらかった。ヤクルトのファームで、食事に連れていけなかった後輩がいたのが心残りです。

選手たちやチームスタッフと食事の席で大事にしていたのは、ポジティブな雰囲気です。愚痴を吐いてもいいんです。思うようにいかずにイライラしたことを話したり、つらいことを吐き出したりすることで気持ちが楽になる。

でも、最後に締めるときはポジティブな言葉を発することを意識していました。

周りもポジティブな言葉を言う人間が多かったので、半分無意識ですかね。前向きな言葉を使うことで、今まで話していた後ろ向きな内容もポジティブに変えられる。つらい、やめたいでなく、「つらくても負けへんで」、「やめるのはいつでもできる。ここは踏ん張ろうや」に変換できる。

僕は言霊を大事にしています。口から吐く言葉次第で、気持ちが前向きにも、後ろ向きにもなる。野球はチームプレーですが、自己責任の世界でもあります。どうせ愚痴を言うのなら、落としどころを変えればいい。自己完結のやり方を少し変えただけで、気持ちが明るくなる。心が前を向かないと、体も動かないですからね。

近鉄、オリックス時代の若手のときは練習が本当にきつかった。シーズン中は試合前に特打、特守をして、試合後もバットを振り込む。秋季キャンプ、春季キャンプも朝から晩まで練習漬けの日々でした。

あのときに一緒に過ごした大引啓次、T－岡田、金子圭輔、横山徹也たちは戦友です。みんな個性的で負けん気が強かった。特別な絆がありますね。

練習が終わったあとに食事に出かけて、最初は「もう無理や」、「限界やろ」と弱音を吐きますが、酒を飲みながら「絶対負けへん」、「脱落せえへんで」とポジティブな言葉で励まし合っていた。

言葉に出した以上、責任が伴います。みんな頑張っている中、自分だけ心が折れたら「昨日の飯のときの言葉に嘘ついたんか」となりますから。一人だったら乗り越えられないキツイ練習も、みんなで励まし合うことで乗り越えられる。言葉の力を感じました。


仲間や先輩、後輩と直接会って他愛もない話ができるのは、本当に大切な時間だと思います。顔を突き合わせてコミュニケーションをとることで、エネルギーをもらえる。

夜遅くまで練習したあと、体だけのことを考えるなら、食事をホテルで済ませて風呂に入り、体のストレッチを入念にしてゆっくり休んだほうがいい。そう考える選手もいますし、個々の考え方だと思います。

ただ、僕の場合はヘトヘトに疲れてもその後にチームメートたちと食事に行って、いろいろな話をする時間が必要だった。心のプロテインを補給する感じです。

電話でもその効果があると思いますが、直接会って話すことでお互いの心がリフレッシュされます。

ポジティブな言葉は空元気でもいい。最初から最後まで愚痴の酒になると、聞かされるほうも気持ちが重くなる。前向きな言葉を発信することが大事だと思います。

普段からポジティブな言葉を発している人は、生き方の軸がブレていないように感じます。失敗しても人のせいにしないし、周りの人を惹きつける魅力がある。

僕はすでに書いたように、プラス思考の人間ではないですが、つらいとき、しんどいときに、みんなの前でポジティブな言葉を発することで気持ちを奮い立たせていました。

08

自分をほめる

日本のプロ野球の長い歴史で、打率4割をクリアした選手はいません。バッターは打率3割を毎年マークし続ければ、一流と呼ばれる世界です。10回のうち7回は失敗していいわけです。こんなスポーツはなかなかありません。ただ、この打率3割を打つのが簡単ではない。

僕は20年間のプロ野球人生で打率3割を超えたのが2009、10、18年の3シーズン。全144試合出場した11年は175安打で最多安打のタイトルを獲得しましたが打率・295、ヤクルト移籍1年目の16年も同じく打率・295、翌17年は打率・290でいずれも3割に届きませんでした。

数字でいえばわずかな差かもしれませんが、この差を埋めるのが非常に難しい。安打を打ち続け、打率3割を毎年のようにクリアしたイチローさん、ヤクルトでチームメートだった青木さん、内川さんは、僕から見れば異次元の選手たちです。

20年間の現役生活で打率3割を超えたのは3回。
25歳、26歳、34歳(写真)のとき

ただ、シーズン前に打率3割を狙うかというと、そうではありません。現実的には不可能ですが、僕はすべての打席で安打を狙いにいき、それがダメだったら、走者を次の塁に進める進塁打でチームに貢献する最低限の仕事をしようと思っていました。

現実は長いシーズンでうまくいかないことのほうがはるかに多い。何試合も安打が出ないときがありますし、ヒットを打っても安心できない。5打数3安打でも凡打に倒れた残りの2打席が悔しいですし、5打数5安打でも、「次の試合で打てなかったらどうしよう」と常に不安でした。「長いスパンで考えろ」、「30打席刻みで考えたほうがいい」と言われましたが、その考え方は最後までできなかったです。

思い描いた結果が出なかったことを分析する日々でしたが、自分をほめる作業も大事にしていました。

例えば、外野守備で難しい打球を処理して二塁打をシングルで止めたり、大量得点のきっかけになる内野安打を打ったりしたときのことです。試合の中であまり目立たない働きだったかもしれませんが、「守備のポジショニングがよかったんやで」、

「あの内野安打で投手にダメージを与えたんやで」と、自分のことをこっそりほめてあげる（笑）。

長いペナントレースで完璧を求め続けると、できなかったことに悩んで、苦しくなってしまう。自分をほめて、心のバランスをとることが大事だと思います。

みなさんも自分の仕事で、会社や世の中の役に立っていることがたくさんあると思います。責任感の強い人は、自分の仕事に妥協せず常に上を目指し続けます。その姿勢は非常に大事ですが、自分をほめてあげることで心が満たされる部分もあるでしょう。

大きなプロジェクトを達成したわけではなくても、例えば個人的に一日の目標を掲げた仕事のノルマを達成したこと、家事と育児を頑張ったこと、テストで目指していた得点をクリアしたこと……どれも立派です。自分をたくさんほめてみてください。自分へのご褒美でごちそうを食べたり、たまにはプレゼントを買ったりしてもいいと思います。

ちなみに、僕が自分をほめるハードルは決して高くありません。以下の話を読めば、みなさんは安心すると思います。

現役引退後は自宅でいらなくなった物を捨てようとしていますが、なかなか捨てられません。洋服や釣りの道具などが部屋にあふれています。服は捨てようと思っても、「着るかもしれないなぁ、やっぱり着ないかなぁ」の繰り返しで前に進まない。釣りも、店で何か一つ道具を買ったら、どんどん欲しくなって増えていく一方です。

現役時代は気づかなかったのですが、引退して自分の部屋にいる時間が長くなり、物が多いなぁと思いました。だいぶ捨てましたが、まだまだいらないものがある。

そのうえ、今後は仕事でスーツを着る機会が増えて、オフィシャルな服に合うカバンや小物が必要です。私服のスタンスも変えるので、服を買いそろえる必要もあります。

最終的に物の少ない部屋にしようと考えているので、片づけの代行業者にお願いしようとも考えました。でも、業者の方に聞かれて「この服は要るかもしれません」と、嘘をついてたくさん残してしまいそうなので、やっぱり自分で捨てようと決めました。

ただ、一気に捨てることはできません。そこで考えたのが、「一日一つ何かを捨てること」です。地道な作業に見えるかもしれませんが、続ければ徐々に部屋から物が減っていく。捨てられない日もありますが、一つ物を捨てられた日は自分をほめています。「大甘やないか」という話ですね（笑）。

09

どうにもならないことがある

プロ野球は結果がすべての世界です。スイングの軌道、タイミングのとり方など納得できる打席を追い求めていく一方で、僕の役割で何より大事なのは出塁することでした。

ボテボテの内野安打でも、エラーでも出塁して勝利に貢献できるならばなんでもいい。ただ、相手バッテリーも当然こちらの意図することを簡単にはやらせてくれません。

みなさんご存じの通り、オリックスのときに同一リーグで対戦した各球団のエースたちは、ダルビッシュ有投手（当時日本ハム、現パドレス）、田中将大投手（楽天）、涌井秀章投手（当時西武、現中日）、岸孝之投手（当時西武、現楽天）、斉藤和巳さん（ソフトバンク、現ソフトバンク一軍投手コーチ）、和田毅さん（ソフトバンク）、成瀬善久投手（当時ロッテ）と、すごい投手たちばかり。直球、変化球の精度が高く、制球力も抜群で、勝てる要素をすべて兼ね備えていました。ほかにも、攻略が難しい投手たちがたくさんいました。

対戦は楽しくはないですよ（笑）。僕の中に、勝負に楽しいという概念がない。チームのためにどうにかしなければいけない。その一点です。

ただ、不思議なもので勝負の相性と、好き嫌いは違う。この投手は嫌じゃないなぁと思っていても打てなかったり、打席に入るのが嫌だなと思うのに安打が出たりするときがある。打撃は奥深いなぁと感じます。

その中で、「一生打てへん」と思った投手がいます。元阪神のジェフ・ウィリアムスです。２００９年5月23日の交流戦、オリックス対阪神2回戦（スカイマーク）。対戦したのはこの一度きりですが、強烈でした。左のサイドから１５０キロを超える真っすぐがシュートして速い。スライダーも鋭く曲がる。球質、球の勢いと次元が違いました。当時は左打者にシュート回転で直球を投げる左投手がいなかったので、その軌道に驚きました。ナチュラルなのか、意図して投げているのかわからないけれど厄介でした。どうにか食らいつきたくて修正しようとしましたが、結果は空振り三振。完全にお手上げでした。

ウィリアムス投手は、藤川球児さん、久保田智之さんと「JFK」で強力救援陣を結成して、すでに結果を残していたとき。僕はオリックスで一軍のレギュラーに定着し始めの時期でした。レギュラーの座をしっかり獲るためには結果を出してアピールしなければいけない立場です。

でも、またウィリアムス投手が登板するなら「オレに（打席が）まわってくるな」と願っていました（笑）。追い込まれたらファウルでカットすらできない。セ・リーグの投手だったので交流戦しか対戦しないのが、まだよかったです。

ただ当時の交流戦は、ホーム＆ビジターで各球団と4試合対戦する形式でした。「残りの2試合も投げてくるんやろうか」と心配しました（笑）。それほど、ウィリアムス投手は群を抜いて強烈だったのです。

広島の中﨑翔太投手もタイミングが合わなかった投手でした。ヤクルト時代に対戦しましたが、投げるタイミングが独特で合わない。表現が難しいのですが、自分の心地悪いタイミングで球が来る。16年からリーグ3連覇を達成した広島黄金時代の守護神を務め、いい球を投げていたのは間違いないのですが、打席で対戦していてしっくりこなかったです。

相手投手を打つために最大限の努力をしますが、努力すればすべての投手を打てるようになるわけではありません。「乗り越えられない試練はない」という見方があるけれど、僕はたくさんあると思うのです。

特に、ウィリアムス投手です。一度対戦してみて無理やとわかり、僕の中ではあきらめました。リーグが異なり、抑えの彼との対戦は、1年のうち多くて4回。年に600回ほど立つ打席のうちのわずかです。もちろん、打席に立ったら全力を尽くすわけですが、事前に対策を考えることはありません。それよりも、彼がマウンドに出てくる前に、先発ピッチャーをどう打つかに考え方をシフトしました。ここは逃げの一手です。

プロ野球にはある意味、捨てる打席が要ります。可能性の低いほうより、高いほうをどうするか。僕の打順は一番が多かったので、だれよりも打席がまわってきます。1試合に5回打席に立つとして、そのうちまず3回までに活躍することを重視する。そこさえ働ければ、試合展開もおのずと有利になるやろうから、勝ちパターンで登場してくるウィリアムス投手に登板させないですむ確率が上がります。

世の中にはどうにもならないことがたくさんあります。自分が無力だなと感じるときがあるのも事実です。そんなときは、すべてを完璧にこなそうとするのではなく、自分が確実にできることだけをするのも一つです。たくさんのタスクの中のどれかは捨てる。できないことを気にするのではなく、ほかの視点や考え方を持つ。可能性のより高いほうを追いかけていく、冷静さと思い切りが大事なのではないでしょうか。

10 楽しむ時間を持とう

みなさんは趣味を持っていますか？　僕は友人やチームメートたちと食事をする時間が楽しみの一つですが、趣味と聞かれると数えるほどしかありません。やり始めてもすぐに飽きてしまいますが、釣りだけは別です。何もかも忘れて、心を無にできる貴重な時間です。

釣りを始めたきっかけは、小さい頃に故郷の兵庫・明石の海へ、おじいちゃんに連れていってもらったことでした。イワシ釣りが楽しくてよく出かけていました。でも、ある日、海岸近くの倉庫に行ったとき、冷蔵庫に保管していたイワシの頭がキレイにそろってこっちを見ていて、釣って悪いことをした気持ちになり、トラウマになってやめてしまいました（笑）。

その後は土日も野球があったので、なかなか釣りができる時間はありませんでした。高校のときに、数少ない休日で海に出かけて素潜りでタコや魚は獲っていましたけどね。

釣りの面白さに再び目覚めたのは、プロに入ったあとでした。２０１２年に大ケガをしたときに、先輩の岸田護さんに誘っていただいて。始めた当初は右肩を吊っていたので、左手でやっていました。

イカ釣りが多かったです。当時はリハビリの時期だったのですが、毎日寮の近くの海に行って釣り糸を垂らした。インターネットや本で調べて道具をそろえるようになると、どんどんハマっていきました。シーズンオフにやり込んでいたときは、夕方から翌日の朝までやっていました。大阪の釣りのスポットに出かけるのですが、潮が悪かったらご飯を食べたり、車の中で寝たり。起きて朝方まで釣りをするときもありました。陽が昇り始めて帰る生活です。

場所を自分で調べるのも面白い。釣りは準備の段階からワクワクします。ソフトバンクから移籍してきた馬原孝浩さんが釣り好きで詳しかったので、いろいろ教えてもらいました。船に乗ったら大体釣れるポイントに行けますが、僕は陸釣りが好きでした。なかなか釣れないところが面白い。馬原さんも「釣りは釣れないのが面白い」と言われていましたが、その気持ちがわかるようになりました。

もちろん、ポンポン釣れるのも楽しいけれど、2、3時間投げて、しゃくってを繰り返しても釣れなくて、あの手この手を考える時間が好きです。粘った末に1匹のイカを釣れたときが一番うれしいのです。

イカ釣りは本来、釣れなかったら場所を移動したほうがいいといわれています。ただ、僕は一カ所で粘る。「そこは釣れんぞ」と言われたところで釣れるのがうれしい。人と違うところですね。決して逆境が好きなわけではありません（笑）。

陽が昇る前、陽が落ちる前はよく釣れる時間帯で「まずめ」と呼ばれるのですが、僕は「釣りにくい」といわれる昼も釣りたい。時間が空いたら行きたいのです。

釣る釣らない以前に、あの空間が大好きです。何も考えず、何時間もボーッとしている。リールを巻くのを忘れていて、魚がかかっていたときもあります。野球のことも何も考えず、心を無にできる。家でソファーに座ってボーッと過ごす状態とは違うのです。本当になんにも考えていない。海の磯のにおい、景色、糸を垂らしている状態が好きで、あの空間、時間を楽しむために釣りに行っていました。

時間を忘れるほど夢中になれる釣りと巡り合えたのは、幸せやなと思います。オリックス時代はファン感謝デーの日にギリギリの時間まで釣りをして、どうにか間に合ったときもありました（笑）。

釣りでなくても、人にはそれぞれ趣味があると思います。楽しめる趣味があるから、仕事や家事、勉強を頑張れるという方がいらっしゃいますが、素晴らしいことだと思います。簡単には見つからないかもしれませんが、楽しめる時間、趣味が持てれば人生に彩りが出ます。趣味がない方は、今まで知らなかった新たな世界に触れることで、夢中になれるかもしれません。

僕も現役時代は20年間野球に没頭してきたので、行動が制限された部分がありましたが、これからは今まで知らなかった世界を見てみたい。もちろん、釣りも続けていくつもりです。野球だけでなく、釣り関連のお仕事があれば、ぜひお待ちしています（笑）。

コーヒーを飲む時間も好き

第2章

他人の目を気にしない

11 出る杭になって失敗したほうがいい

コロナ禍で大きく変わったのが、人との接し方です。感染防止の観点から、パソコンのリモートで取材を受ける機会が増え、直接対面する際も距離をとってマスクをして、コミュニケーションをとるようになりました。

あらためて気づいたのが、目の動きだけだと相手の表情が読みとれないことです。鼻と口が覆われているので、顔の表情全体が見えない。初対面の方と接した場合、その言葉の意図を読みとるのが難しいときがあります。こちらが、「この言葉の使い方で意図が通じているのだろうか」と不安になるときも正直あります。

コロナ禍に限らず、人間関係を上手に築くことは簡単ではないと感じさせられます。これといった正解はないですし、誤解を生んで関係が悪くなってしまったケースを聞くと、いたたまれない気持ちになります。抱え込んでしまう真面目な性格の方は、自分の発言で相手を傷つけてしまったか気になる。

僕も風貌に似合わず（笑）、神経質な部分があるので、発言したあとに「今の言葉で大丈夫だったかな？」、「このニュアンスで伝わっているかな」と考えるときがあります。

例えば、後輩に相談を持ちかけられた際に「ああ、ええやん」と答えて、会話が終わってしまったとき。こちらは本当にその内容がいいと思って同意したつもりが、関西弁で軽く感じられてしまったかな、と気になります。「もう少し親身になった受け答えのほうがよかったんかな」と、あとで思い返すこともある。

興味のない受け答えととらえられて、後輩が相談しにくくなるような関係性になってはよくないと思いますし、言葉の使い方は本当に難しいなと感じます。

ただ、あまり考えすぎると、相手の顔色をうかがって、自分の思いを伝えられなくなってしまう。だから、「自分がめっちゃ気にしているほど、相手は気にしていない」と思うようにしています。これも気持ちを楽にするため、自分に対しての逃げ道をつくっているのです。
ただ、よほど無神経な発言をしない限り、相手が気にしていないことはよくあります。もし、誤解を招く発言で関係がこじれてしまったら謝ればいい。僕は現役時代になかったですが、もし感情的になって首脳陣に失礼なことを言ってしまったとしたら自分の非を認めて謝ります。その結果、二軍に降格したらまた全力で頑張って信頼を取り戻すしかない。一度失った信頼を取り戻すのは容易ではありませんが、反省を糧にするしかありません。

一般社会で生活する以上、他人を思いやる気持ちは大事です。自分勝手な人間は能力が高くても周りの信頼を得られないし、人が離れていく。ただ、相手に合わせることに神経を遣うあまり、「出る杭にならない」ように振る舞うのは違うと思います。

例えば、自分が100点の仕事をしなければいけないのに、周りの同僚の意識が低いので70点に合わせてしまう。これでは70点の会社になってしまうし、自分自身も成長しない。それなら、100点を出そうと思って全力を尽くし、30点の評価だったとしても納得できるのではないでしょうか。

周りの70点に合わせて50点になったら、30点より下がり幅は少ないけれど、僕は悔しい。周りのことを気にして力を出し切らない環境は、結構身近にあると思います。もし、自分の持ち味を100パーセント発揮することが疎《うと》まれる環境だったら、異を唱えるべきです。それが受け入れられないのなら逃げたほうがいい。その環境にいても成長できないですから。

「出る杭になることを避ける」大きなデメリットは、自分の限界点が下がってしまうことです。100点を出させる力があるのに、周りに合わせて70点にすれば、全力を振り絞っても70点の力しか出せなくなってしまう。これは非常にもったいないです。妥協を重ねれば、それが日常となり、能力の伸びしろが少なくなります。

それなら、出る杭になって失敗したほうがいい。もちろん、成功するのがベストですが、失敗しても自分が持てる最大限の力を出し切ったことで、大きな収穫を得られる。

僕も高校時代は出る杭どころか、天狗《てんぐ》でした（笑）。兵庫県の中では絶対一番になってやろうと、それしか考えていませんでした。同学年には報徳学園の尾崎匡哉選手（元日本ハム）、市立尼崎の金刃憲人選手（元巨人、楽天）とすごい選手がいましたが、「兵庫県で一番になればスカウトに注目されて目立つやろ」と考えたのです。甲子園に行けば、雄平とか野間口貴彦さん（元巨人）とか勝てない選手がいたけれど、「今は無理でもいつかチャンスがあるやろ」と、根拠のない自信を持つようにしていました。当時は子どもだったのもありますが。

振り返れば、プロ野球も「出る杭だらけ」の世界でした。一軍で居場所を確保できなければ、現役生活を続けられない。自分の長所を磨き、試合でアピールする。出る杭にならなければいけない環境で、周りを気にする余裕はありませんでした。

オリックスから大幅減俸を提示されて退団を決断したことは、見方を変えれば「出る杭」だったのかもしれません。契約条件を提示していただいたのだから残留するべきという考え方を否定するつもりはありません。

ただ、僕は後悔しない生き方を選びたかった。オリックスは大好きな球団で愛着がありましたし、退団を決断して他球団が獲得してくれる保証はありません。でも、あとになって「他の球団でやったほうがよかった」と愚痴を吐くような生き方はしたくなかった。モヤモヤした感情を抱えたまま残留して、「自分の悔いのないように決断しよう」と周りに言っても説得力がありません。ヤクルトで7年間プレーできたからという結果論ではなく、どんな結果であれ、僕はあのときに「出る杭」になった決断を後悔していません。

人生は一度きり。そして選択の連続です。不安な道と、後悔するかもしれない道。このときの僕は、「後悔」よりも「不安」のほうを選びました。人と違う選択をするのは勇気がいるけれど、そのほうが、仮に失敗しても笑い話にできます。悔いを残さないために、みなさんも「出る杭になること」を恐れないでほしいです。

12 SNSを始める

引退してから、インスタグラムとツイッターを始めました。

応援してくださったみなさんに何か恩返しする方法はないかなと考えていたときに、SNSをという声が多くあって、やってみることにしたのです。

自分はファンサービスが上手なほうではありませんでした。インスタやツイッターも、まったく使っていなかったし、そもそも見方もわからない。

でも、選手ではなくなった今、みなさんに還元できる方法、坂口智隆という名前を少しでも忘れないでいただく方法、つながっていられる方法、今の姿も応援してもらえる方法を考えて、よし！　やろうと決めました。

まずは周りの人たちに教えてもらいながら開設しました。なんと、両方いっぺん

にです。

載せ方がわからなくて、人に聞く。

写真を撮る習慣もないけど、何か撮る。

つぶやき方もわからないから、また人に聞く。

その繰り返しでした。

しかも、一日1投稿する！　と断言までしているので、早く覚えないといけないのです（笑）。


だんだん、載せ方はわかるようにはなってきたのですが、まだまだ不慣れ。見ている人にも「？」のことが多々あると思います。

でも、それでもいいのです。いや、「しゃーない」と割り切っています（笑）。

何しろ初心者ですから、迷うのが当たり前。ならば「やると決めて、実行すること」が、やっぱり大事です。

そして、やると決めた以上はちゃんとやりたい。見てくださっている人に、僕の成長もお届けする、そんなスタイルでいくと決めています。

ヘタなりに意識していることもあります。

できるだけ自然体。

できるだけ前向きな言葉、感謝の言葉は入れたいなと。

続けるためには、凝らなくていい。インスタグラマーみたいにかっこよくできなくていい。いつもの自分の日常を無理なく紹介しようと思っています。

文字を書くのは、ほぼ夜です。昼に出かけて帰宅が遅くなってしまったときでも、まるで宿題をするかのように携帯電話、パソコンに向かっています。

それは一日の締めくくり。暗い内容で終わりたくはありません。読んでいる方が一人でも二人でも、ホッとしてくれればうれしいです。前向きな言葉を書いていると、自分もポジティブに、明日に向かっていける気がします。

ときには無理やり、前向きな言葉を使うこともありますが、自分もみなさんからの前向きな、温かいコメントで心がホッとする。だから、僕のＳＮＳもそういうものでありたいなと思って、これからうまくなるという強い気持ちを持って、つくっていきます。

1年が終わる頃には、めちゃ使いこなしているかもしれないですよ（笑）。

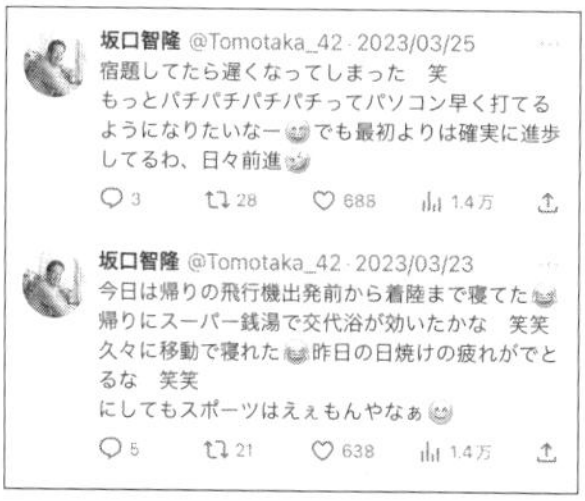

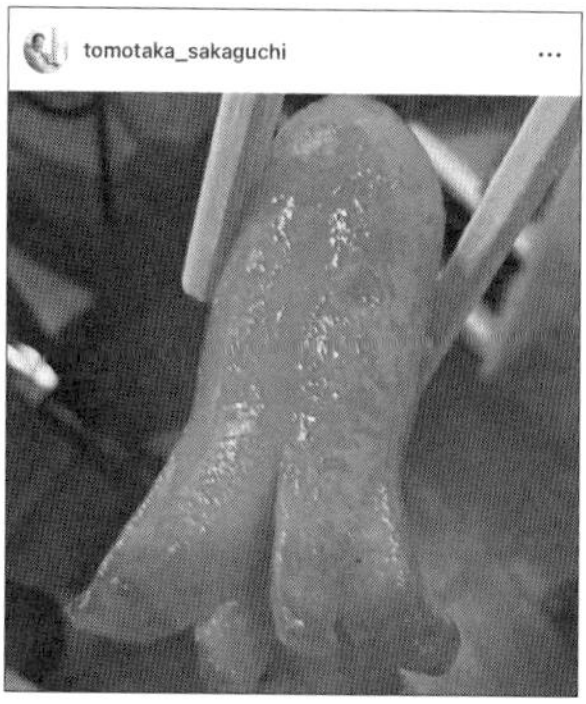

インスタグラムもツイッターも「一日１投稿する」と断言して続けている。
右下の写真は本書執筆の様子

13

欠点を生かすこともできる

欠点やコンプレックスが、武器になることがあります。例えば、口下手な男性が「うまく話せない」と悩んでいても、周りからは「話を聞くのがうまい」、「こちらの話を真剣に聞いてくれる」と好感を持たれている。野球の世界でも、投手が欠点だと思っていた動きが、実は打者にとってはタイミングをとりづらいフォームになっていることがあります。欠点だと思っていたことが、長所になる――。

僕は通算1526安打を打ちましたが、打撃が得意だという意識を持ったことは一度もありません。常に不安だったので、準備を大切にしていました。構えの段階からいろいろ考えます。手の位置をどこにしたらスイングがスムーズになるか。タイミングをどうとるか。この球とこの球は一緒のタイミングでいけるのか。対戦したことがない投手なら、なおさら、さまざまなことをシミュレーションします。周りから見たら泳がされているように見える打席でも、こちらとしては対応できていることもあって、自分の感覚を大事にしていました。

自分の体の状態、投手の特徴で打ち方が変わってきます。遅い球と速い球を一緒くたにしてタイミングをとったり、バットのグリップを置く位置を変えたり。バットのグリップの位置がしっくりこなかったら、反対のほうに置いたらいいかな、などと試すのです。引き出しが多いといわれていましたが、要はその場しのぎなのです。カチッとしたかたちがない。でも一打席の中でいろいろ試せることが武器にはなりました。

安打が出ない日が続くときもあります。もう常に考えるしかない。その手助けをしてくれたのがコーチの方々でした。

オリックスの若手のときは、なんとかしようと多くのコーチが指導してくれました。大島公一さん、正田耕三さん、小川博文さん……そのほかのコーチもですが、熱心に指導してくださったから、今の自分があります。セオリーにはない指導法は勉強になりました。

例えば、僕は打ちにいく際に上半身が投手方向に流れる、スウェーする悪癖がありました。スウェーすると、目線がブレてミート能力が落ちるといわれています。僕は修正しようと必死でした。でも、当時指導を受けた米村理さんの考え方は違いました。「もっとスウェーして背中で打て。もっと肩を入れてもいい。スウェーしないと（右側の壁が）めくれるやろ」と。スウェーを意識しなくなったことで光が見えました。打撃の軸ができたのは、自分の特性を見抜いてくれた米村さんの助言からです。

水口栄二さん（現阪神一軍打撃コーチ）の指導法もユニークでした。ミートする際にバットのヘッドが立たずに試行錯誤していたところ、「一回アッパースイングしなさい。波打つスイングをしてみて」と言われました。波が打つようなスイングは絶対ダメと言われて育ってきたので戸惑いがありましたが、実際にやってみて、バットが波を打つ軌道になった瞬間に動きを止められ、「今、ヘッドが立っているやろ?」と。「上から叩こうとすると、インパクトのときはバットのヘッドが寝ているんだよ。アッパースイングでも上から叩いているじゃないか」と説明いただき、目からウロコでした。

米村さんと水口さんの指導は、自分が考えていた打撃のセオリーを覆す指導法です。でも、それが正解にたどり着き、自分に合った打ち方になる。二人の説明はわかりやすく、選手個々の特徴を踏まえた、選手に合う助言でした。

プロ野球にはすごい打者がたくさんいて、身近で見てきて、自分はまだまだやなと常に感じていました。すごい投手たちと対戦する中でヒットを打つことは至難の業です。先ほども書きましたが、10回中3回打てば評価され、4回打った選手がいないスポーツです。その一打席で打つか、打たないかで考えても5割の確率しか成功しません。2回に1回は失敗する。失敗を数多くするから、自信を持つことなんてない。

「もっと自信を持てばいいのに」と思われたかもしれませんが、僕の場合は打つことに常に不安があったから、成績がある程度残ったのかなと思います。不安まみれだったから練習をするし、考える。欠点やコンプレックスは自分を成長させる原動力になります。

欠点を解消するのは一つの方法ですが、僕の打撃のようにそれが強みになる可能性もあります。みなさんもいろいろな悩みを抱えているかもしれませんが、一人で抱え込まず本当に信頼できる人にさらけ出したら、実はまったく違う印象を抱かれていることに気づいて、悩みを解消するヒントがつかめるかもしれません。

コンプレックスを強みに自分に合った打ち方を見つけた

14

自分の「心」を大切に

野球はメンタルスポーツといわれています。もちろん、心・技・体すべてが重要だと思います。卓越した技術、試合に出続けてもパフォーマンスが落ちない肉体を追い求めて、僕も現役時代はトレーニングしていました。

でも一番大事にしていたのは、心です。

僕より打てる選手はたくさんいますし、足が速くて肩が強い選手もいます。ドラフトでよい選手が毎年入ってきますし、助っ人外国人や他球団から即戦力の選手が入ってくる。この熾《し》烈な競争を勝ち抜くためには、絶対にメンタルで負けるわけにはいかなかった。監督が代わったら、チーム構想も変わります。レギュラーが保証されているわけではない。結果を出して、首脳陣の信頼をつかむことに必死でした。

ケガをしても試合に出るというのは、心が折れていないことを証明する部分もあったと思います。

プロ野球では70人の選手が支配下登録され、一軍は25人しかベンチに入れない。試合にスタメンで出場できるのは投手を除き8人だけ。自分の守れるポジションは二つ、三つしかない。狭き門を潜り抜けてレギュラーをつかむためには、ケガをしても動ける以上、試合に出ること。そうでなければ存在価値がなくなってしまう。代わりの選手はいくらでもいますから。レギュラーを一度手放すと、もう一回取り戻すのは難しい。

例えとして正しいかわかりませんが、携帯電話もそうでしょう。ガラケーにはガラケーのよさがあったけど、スマホがどんどん進化していくと新しいものにアップデートされて、古いものに戻すのは勇気がいる。

だから、石にかじりついてでも試合に出たかった。ケガをして「もう動けへん」と思ってしまった途端に、動けなくなる。心と体はつながっていますから。「絶対に試合に出る」と心を奮い立たせれば、体も突き動かされる。

「心」を大事にする自分が気に入っていたのが、応援歌です。

素早く 力強く 先陣を切れ
激闘の中で 紅く炎《も》やせ！ 武士《もののふ》の心

オリックス時代には、レギュラーを獲った次の年ぐらいにつくってもらいました。メロディーもいいですが、この歌詞にグッとくる。

ヤクルト時代は、次の歌詞でした。

不屈の魂で 再び挑み
新たな歴史を刻め 魅せろ坂口

不屈の魂は大事にしていた部分だったので、自分らしい歌詞をつけてもらってありがたかった。打席に入っているときは集中していますが、ファンのみなさんに大きな声で歌っていただいたことで、背中を押されました。

打席に入る際に球場で流れる登場曲も、歌詞を大事にしていました。選曲はどうしていたかというと、スマホでランダムに聴いて、いいなと思った曲を何度も聴いて決めることが多かったです。

ファンのみなさんの間で定着していたのは、MUNEHIROの『ヒノマルパワー~君の力~』でしょうか。オリックス時代から使わせていただいていましたが、心が奮い立つ曲です。ヤクルトで最後の年の登場曲に使っていた卍LINE×Kjの『Soul Ship』も印象深い曲です。

お前の あの日出た船 あれからどうした
華やいだ凪はもう昔話か
若かったね。で済ますと思うな
俺らはここまでこの船通した
悔しさや悲しみの止めどない嵐や

寂しさや苦しみ 二度とない愛や
握り締めたはずなのに　いつか無くした
どーにも出来なかった
あのもどかしさ
戻らないˮ時ˮが俺を強くした
誰にも言わず俺は努力した
傷がどうした 痛みがどうした
勲章みたいだな そいつが同志だ
全部なんて語れねぇが
ヤるか死ぬかどっちか
おいよぉ船長!
ヤるか死ぬかどっちだ
いつか全部なくなる俺のこの全部を
あの日描いた
もっと先へ飛ばしたい

この一番の歌詞が心に響きました。自分ももう一度踏ん張ってはい上がろうという思いだったので、一軍に上がったときはこの登場曲を流したかった。言葉が人に与える力はすごく大きいと思います。僕もいろいろな曲に勇気づけられました。

一流と呼ばれる選手たちは、心の芯が強い。だから大舞台で力を発揮できる。

ヤクルトで一緒にプレーしていた山田哲人、村上宗隆を見ていても堂々としているじゃないですか。もちろん、彼らは技術が素晴らしいですが、球界を代表する選手として活躍している理由はそれだけではありません。結果が出ているときも、出ていないときもたたずまいが変わらない。年下ですけど本当に頼もしかったです。

野球に限らず、自分の心を大切にしている人は不測の事態が起きても、動じないイメージがあります。メンタルが強いという言い方はちょっと違うと思います。日々の生活、仕事でやるべきことを、毎日淡々と行う方たちも尊敬できます。

精神的に弱いと悩んでいる方がいらっしゃるかもしれません。

試験で力を発揮できない、会社のプレゼンで緊張してしまう、ダイエットに挑戦したのに挫折してしまう……。乗り越える方法はいろいろありますが、大事なのは準備と成功体験だと思います。

僕にもたくさんの失敗があります。オリックスでプロ6年目にレギュラーに定着するまでは、緊張との向き合い方で試行錯誤を繰り返してしまいました。若手のときは極度の緊張で試合前の準備を忘れることが珍しくなかったです。「緊張していない」と自分に言い聞かせたり、緊張しない方法をいろいろ試したりしましたがうまくいかなくて、気づいたのは「緊張を受け入れる」ことでした。

試合前に足が震えた日や、ナイーブになった日はたくさんあるけれど、その状態を受け入れたうえで、自分ができる最低限のことを考えて準備する。ベテランになっても緊張はしていました。試合にずっと出ていても、「緊張すんねんな」と思ったものです。

ただ、「よい緊張感」は必要だと思います。緊張しながら試合に出続け、課題を一つひとつクリアすることで、緊張との付き合い方がわかってきた気がします。

野球の話のほかにも、緊張で思い出す苦い経験があります。後輩の結婚式でスピーチをする機会があったのですが、「なんとかなるやろ」としっかり準備をしなかった。マイクの前に立ったら緊張で真っ白になりました。当時は金髪だったのですが、「イメージと違ってしっかりしている」という印象を与えられなかった。気にしすぎかもしれませんが、後輩に申し訳ないと思いましたし、緊張することを想定して準備する必要性を痛感しました。

準備をして失敗するならまだしも、準備をしないで失敗するのは、自分が思う、かっこいい人ではありません。僕はアドリブが利くほうではないのでなおさらです。

神宮球場の引退セレモニーも緊張しました。あんな大観衆の前で話す機会は、人生でないですから。メモに書いて何度も復唱しましたが、話すときに内容が飛んでもいいように、いくつかの要点を押さえました。「最低でもこれだけ話せば飛んでもいい」と逃げ道をつくることで、気持ちが楽になりました。

試験やプレゼンの予行演習をしたら、本番で少し落ち着くかもしれません。「慣れ」も大事な要素だと思います。場数を踏むことで、視野が広くなる。あとは継続です。ダイエットであれば、まずはお菓子を3日間我慢して、その後は1週間と達成可能な目標を立てて継続できるようにする。続けられる目標にすることがポイントです。

いきなり、大きな目標を立ててもしんどくなってしまいます。目標達成した際には自分へのご褒美も忘れない。好きな料理を食べられるならモチベーションも上がります。

失敗しても、挫折してもいいんです。もし思うようにいかなかったら、もう一度挑戦すればいい。僕も失敗を積み重ねて、何度もはい上がっていきました。

15 上司、先輩の助言に耳を傾ける

会社など組織で働く際には上司、先輩とのかかわりが不可欠です。働いている方は仕事のやり方を教えてもらったり、指示を仰いだりした経験があると思います。信頼できる上司、先輩に出会えることは幸せやと思います。

でも、必ずしも人間関係でうまくいくとは限らない。上司の指示に疑問を覚えたり、先輩の助言が自分の方針と合わずに納得いかなかったりするケースがあると思います。そのときに、どういう行動をとるか。

プロ野球の世界も、監督、コーチの指導と合わなかった選手が、才能を伸ばせずに消えていくという記事を見ることがあります。アマチュア球界で活躍して鳴り物入りでプロに入ってきた選手が、投球フォームを改造して球速が落ちたとか、打撃フォームを変えるように指示された結果、自慢の長打力が発揮できなくなり一軍の舞台で活躍しないままプロ野球の世界を去ったとか、みなさんも見聞きしたことがあると思います。

ただ、その選手が活躍できなかった原因が、すべて指導者にあるかというと判断が非常に難しい。


僕は現役時代に、コーチに言われたことをほぼ全部やってきました。なぜなら、選手は「使ってもらう立場」という考えがあったからです。首脳陣の意向に沿わないと、試合に出られない。監督に使ってみようかと思わせるピースにならないと、チャンスはつかめません。

アドバイスを受けた内容がなかなか理解できないことがありました。そのときはコーチとコミュニケーションをとるように心がけていました。教えていただいた技術練習の意図を理解できないまま取り組んでも、効果が出ません。

僕は人に恵まれていた野球人生だと思います。近鉄、オリックスでまだ一軍の実績がない若手だったにもかかわらず、歴代のコーチたちは根気強く、打撃練習の意味すること、どの部分を修正するかなど丁寧に説明してくださった。ありがたい限りです。

プロに入りたての子どもだった時期は、「無理や」と思いながらやっていた失礼な自分もいましたが、そのときに練習の意味を理解できなくても、追い追い気づくことがある。一軍でレギュラーとして試合に出られるようになって、「ああ、あのとき教わったことは、こういう感覚なんやな」と思い出して、打撃の修正に役立ったことがありました。

結果がすべての世界なので、どの指導が合う、合わないというのは自分次第の部分もある。ただ、教えてもらったことに対して、すぐに「これは合わへん」と聞く耳を持たずに放棄するのはもったいない。

米村さん、水口さんのオリックス時代の指導法を先ほどお伝えしましたが、自分の固定観念を覆す助言が打撃の軸になるときもあります。

「Aコーチと Bコーチで言っていることが違う」と、矛盾を感じるときもあるでしょう。僕も実際にそう思った経験があります。ただ、伝え方が違うだけで技術的にたどり着く部分が同じだったケースがよくあるものです。
多くの指導者に教えていただきましたが、みなさんプロ野球の世界でプレーしてきて、指導者としても勉強を重ねたうえで、選手個々の特性を踏まえてアドバイスをしてくれている。それはありがたいことですし、最終的に取り入れるかどうかは別として、技術の引き出しを増やす意味で耳を傾けるべきではないかと思います。

最近はYouTubeで名プレーヤーの動画を見られる時代になりました。野球理論を解説するYouTubeチャンネルもあり、興味を抱いて視聴している若い選手も多くいます。

指導者の方たちの中には、YouTubeにアレルギー反応がある方もいるかもしれませんが、僕は、頭ごなしに否定しません。YouTubeを見て、自分のプレーで参考になる部分があるかもしれない。コーチからの指導と一緒で、取り入れるかどうかは自分次第。結果が出るか出ないかは、自己責任の世界ですから。

データ解析もどんどん細かくなっている時代です。投球の速度、回転数、回転軸、変化量が計測される測定器「ラプソード」などを導入する球団が増え、打者も打球角度、飛距離、スイングスピード等を多角的に分析できる。

情報があふれる中で、大事なことは何をチョイスするかだと思います。一流と呼ばれる選手はこの能力が高い。いろいろな指導を受けたうえで、自分に合う打撃スタイルを構築していく。指導内容を理解する能力が高いので、技術の引き出しが多いのです。

これは、僕の個人的な考えですが、バッティングはその打席で、どうしてこういう結果が出たのか、全打席で100パーセント説明できるわけではありません。自分ではこういう感覚で打ったけれど、打球が意図しない方向に飛んでいる。この疑問を解消してヒットを打つ可能性を高めるために、体の動き、タイミングのとり方、スイングの軌道などを毎日のように分析する。

だから、「打撃はこの方法が正しい」と一つの方法論に縛られないほうがいいと感じます。打席内でのアプローチを変えるとき、打撃不振で修正に苦しんでいるときは、自分が試せる複数の選択肢があったほうがいい。

そのために、コーチや首脳陣の方々の指導が貴重なのです。練習、試合での動きを毎日見てくれているので、自分が気づかなかった部分を客観的な視点で指摘してくれる。その助言が打撃を修正するきっかけになったことが何度もありました。

みなさんの上司や先輩はキャリアを積んでいます。そのやり方が合う、合わないは別として、学ぼうとする姿勢は重要だと思います。そのやり方でうまくいかなければ、変えればいいだけの話です。

「時間がもったいない」と効率を求める意見があるかもしれませんが、気にしなくていいと思います。人生はトライ＆エラーの繰り返しです。失敗だと思ったやり方が、後に大きな成功につながる可能性もあります。頭でっかちになり聞く耳を持たないのはもったいない。仕事を円滑に行う意味でも、いろいろな助言に耳を傾けたほうがよいと思います。

打撃は自分の感覚とは違う方向に飛ぶことがある。現役最後に打ったヒットも右方向をイメージしながら左前に。「不思議な打球でした」と著者

16 趣味は自分のセンスを大切に

趣味には自分の個性が出ると思います。音楽鑑賞が好きな人でも、邦楽、洋楽があるし、ロック、ラップ、レゲエ、トランスといろいろなジャンルがある。映画もアクション、ラブストーリー、サスペンス、ホラー、コメディとそれぞれ好みがあると思います。

僕は服が昔から好きです。

高校のときまでは制服を着ていたので、それほど見る機会がなかったですが、プロに入ってから興味を持つようになりました。15年以上前の20代前半は、テレビや雑誌で情報収集していました。服を買う店は特に決めていなくて、ぶらっと立ち寄った店で「これ、ええなぁ」って買うときもあったし、楽な格好をしたいのか、しっかりした格好をしたいのかだけを決めて、感覚的に買うときもありました。

ただ、みんなが着ている服や流行りものは避けていました。目立ちたいからというわけではないですが、好きな格好をしたかった。「なんなんその格好、ちゃんとせぇ」って言われたこともありました。

迷惑をかけないのであれば、自分の好きな服を着たいなと。周りにかっこいいと思われたいということではありません。

その人が好きな服を着ればいいと思うし、自分も同じ感覚で特別な意識はなかったです。

若手のときはオリジナルの写真集を販売させてもらったり、髪型のファッション誌にヘアモデルで掲載されたりしましたが、僕でええんかなと……（笑）。「おしゃれ番長」とメディアで扱っていただきましたが、もっとおしゃれな方はたくさんいましたし、おこがましいなと思っていました。

オリックス時代はひげをたくわえ、ロン毛で明るい茶髪のイメージが強かったと思います。若かったからというのもありますが、人がしていない路線でいきたかった。周りにああいう髪型の人がいなかったので、やってみようかなと思ったのです。いろいろな髪型にしてみたかったのですが、ひげを生やした似顔絵の応援グッズが球団から販売されたので、「このままでええか」と（笑）。ファンの方からもひげをたくわえた似顔絵をいただくことが多く、どんなかたちでも興味を持っていただくのはありがたかったので、この風貌で定着したほうがいいかなと思いました。僕はプレーに派手さがないので、風貌でギャップが出せたかなと（笑）。

当時も今もですが、雰囲気は大事やなぁと思います。無理してかっこつけなくても、かっこよく見える人は魅力的です。外見だけでなく、自分の好きなことを突き詰めている方たちはかっこいい。

タレントの所ジョージさんはかっこいいですよね。仕事兼遊び場の「世田谷ベース」で車、バイク、おもちゃなどいろいろなものをコレクションされて、物づくりをしたり自分のやりたいことに夢中になったりしている。僕の世代だけでなく、若い人たちが求めている理想の生き方じゃないでしょうか。もちろん、視聴者に見えない苦労はたくさんあると思いますが、単純にかっこいいと思います。

プロ野球界でもかっこいい方はたくさんいますよ。その中でも阪神、ロッテでプレーされた野球評論家の鳥谷（敬）さんはかっこいい。ファッションもおしゃれですし、内面のかっこよさが外見ににじみ出ている。元阪神の赤星（憲広）さんも2009年に現役引退されてから、10年以上経った今も若々しくて変わらない。さわやかですし、ああいう雰囲気の方は本当に素敵です。

僕は22年限りで現役を引退し、野球中心の生活からガラッと変わりました。野球をやめて年齢を重ねてもかっこいい大人になって、だれに会っても「シュッとしているな」と言われるようにしたい。体のシルエットも現役時代から変わらないように意識しています。

トレーニングは無理のない程度に続けて、姿勢を大事にしています。数年前から歩く際に背筋を伸ばして体幹を意識するようにして。スマホを触る際も、自分の目線と同じ高さに向けるように心がけています。下を向いてばかりいたら猫背になって、姿勢が悪くなる。ベッドで寝転がるときも、仰向けの格好でスマホを目線の高さに持ち上げて見ています。睡魔に襲われて、スマホが顔に落ちてきたときはメチヤメチャ痛いですが（笑）。

服装もこれから変わると思います。白は今まで選んでいなかったのですが、さわやかに見える色なので、40歳前後になって着る機会が増えていくかなと思っています。応援していただいているファンのみなさんをがっかりさせないよう、身だしなみには気をつけていきたいです。


みなさんも趣味はさまざまだと思いますが、自分のセンスを大事にしてほしいです。流行とは違うものでも、自分がよいと思ったものを選んだら後悔しない。

オタクと呼ばれるのは、ほめ言葉だと思いますよ。その趣味の世界を突き詰めていると認められている証《あかし》ですから。バカにする人を気にする必要はありません。

自分の趣味に夢中になれば、喜びを共有できる仲間が見つかります。

17 友だちが少なくてもいい

今はSNSで友だちの数が表示される時代なので、若い人たちは大変やなぁと感じてしまいます。人数を競うわけではないけれど、少ないことを気にする方がいるのではないでしょうか。

僕は友だちが多くないほうだと思います。「何人から多い」という定義がないので難しいですが、居心地のいい人と一緒にいられればよいかなと。人間関係は「深く狭く」です。

ちなみに、おしゃれな高級料理店で食べるより、仲がいい選手たちと昭和の居酒屋みたいな雰囲気のお店で、ビール片手にワイワイ食べるほうが楽しいです。

2002年のドラフトで近鉄に入団したのですが、同期入団の選手たちとは仲がよくて、今でも交流が続いています。ゴンゾー（横山徹也、現楽天ブルペン捕手）、大西（宏明）さんは特に一緒にいる時間が長かった。

自分の現役時代を振り返ったとき、ゴンゾーがいなかったらこんなに長く続けていられなかったと思う。面と向かっては恥ずかしいから絶対に言えないけど（笑）。楽しいとき、つらいとき、ほんまずっと一緒にいました。素の自分でいられるし、一緒にいて楽なんですよね。

オリックス時代は神戸でマンションが隣同士で、球場へ行くときや帰りに、車で送り迎えしてくれる。ゴンゾーは世話好きなのです。相手に尽くすタイプ。僕が無理やりさせていたわけではないですよ（笑）。ご飯も、「肉食べたい」と言ったら、店や時間をすぐに調整してくれる。オフに「温泉行きたいな」と言ったときも、段取りよく調べてくれる。「オフもずっと一緒におるんか」って話ですけど（笑）。

僕とゴンゾーのコンビはオリックスファンの間で有名だったと思います。ファン感謝デーでも、「あいつらは盛り上げてくれるだろう」という感じで振られる。オフに結婚式に呼ばれたときがあって「なんでやろ？」と思ったら、「余興だけやって盛り上げてくれ」と（笑）。ゴンゾーが楽天に移籍してからも新型コロナウイル

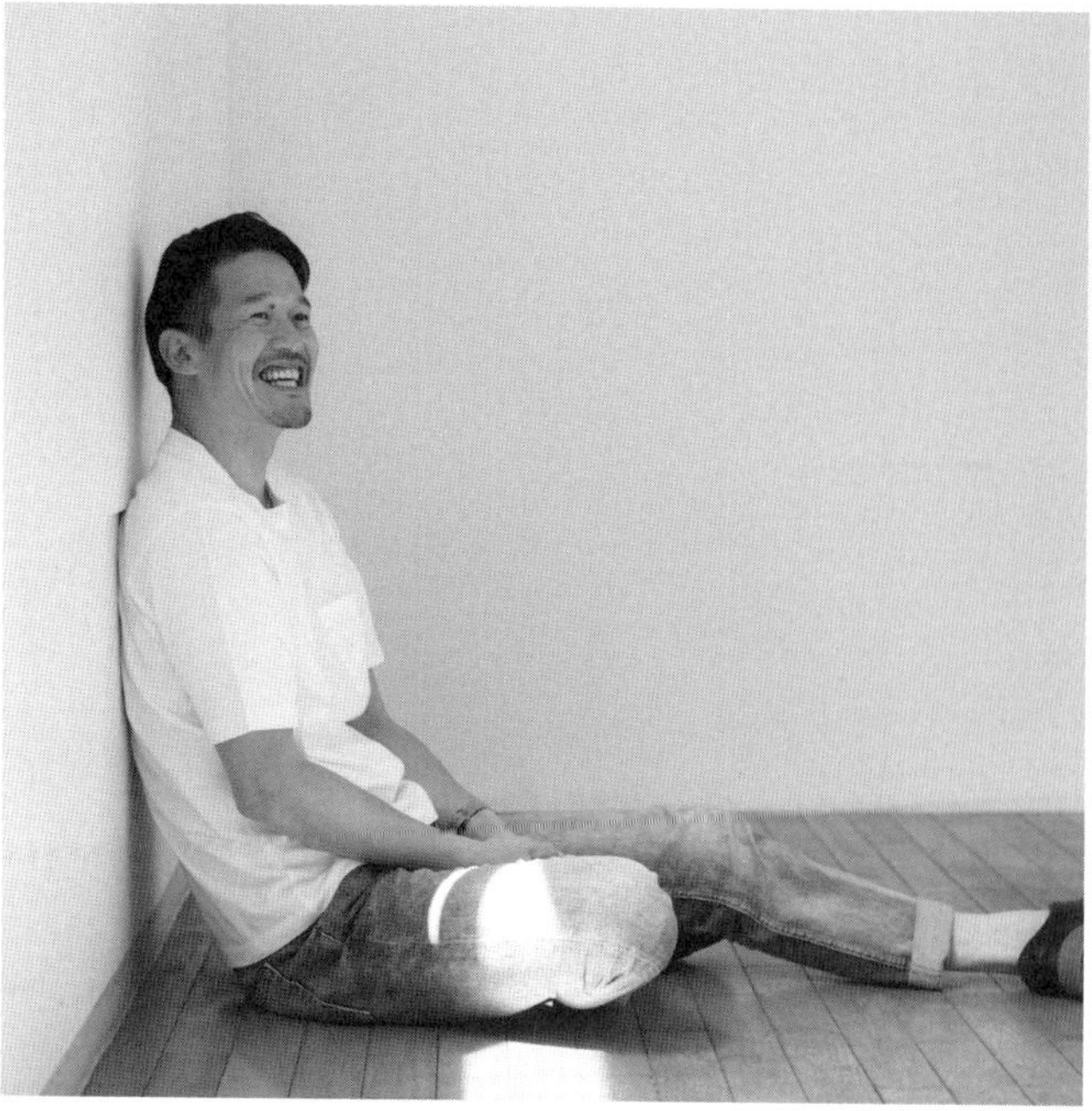

スの行動規制が解除されたときにご飯を食べに行きました。これからも関係性は変わらないですね。

大西さんはお兄ちゃんみたいな存在です。ドラフトの同期入団ですが、大卒なので4学年上。ご飯を食べに行って野球のことを聞いたり、他愛のない話をしたり。遠征で3連戦のときは3日間全部で大西さんと食べたときもありました。同期入団だから仲がいいんじゃなくて、仲がよい人たちがいて、気づいたら同期入団だったという感覚です。阿部健太（現ヤクルトスカウト）も、ヤクルトで一緒にはプレーしていないけれど、近鉄、オリックス、ヤクルトの3球団でプレーしたという共通項がある。野球がなくてもつながっている関係性です。

近鉄、オリックス、ヤクルトでお世話になった方を挙げればキリがないですが、岸田さん、馬原さんには、オリックスで特にお世話になりました。岸田さんはだれにでも優しくて、包容力がある。馬原さんは、あんな有名な人が（FAの人的補償で）オリックスに来たので、最初は緊張したけど、気さくな人ですぐにチームに溶け込んでいました。

岸田さん、馬原さんは釣りでお世話になることが多くて、一緒にいる時間が楽しかった。人として筋が通っているし、尊敬できる方たちで人間的に見習うべき点がたくさんあります。

学生時代から20年近く経ちますが、友人との関係は今も続いています。神戸国際大付属高はスポーツ強豪校ではないので、スポーツ科がありません。僕が在籍していたときはクラスに野球部員が一人、二人しかいなかったですが、野球をしていない友人と学校で過ごす時間が楽しかった。

2年生で春の甲子園に出場したときも応援に来てくれました。毎年オフは高校時代の野球部の仲間と会いますが、それ以外のクラスメートとも会います。みんなそれぞれの世界で頑張っているし、すごいなぁと思います。

友だちはかけがえのない存在です。でも人数を競うものではないし、一人や二人でも自分が仲よしだと思える人がいるなら十分だと思います。

小、中、高とそれぞれ新しい環境に進んだときに相性のよい友だちが見つかるかもしれないし、就職先で尊敬できる仲間に巡り会うかもしれない。無理して友だちを見つけようと肩肘張らなくても、素のままでいたら波長が合う人と自然と出会えると思います。友だちが多くなくても、幸せな人生を送っている人はたくさんいる。そう考えると、少し気持ちが楽になると思います。

18 色眼鏡で人を見ない

僕が人間関係で大事にしていることは、「自分がどう感じるか」です。当たり前と思うかもしれませんが、周囲の評判などを聞いて、自分の考えがブレてしまうことがないでしょうか。

例えば、僕がAさんと話して、よい印象を抱いたとします。でも、周りの人からは「Aさんの評判はよくない」と聞かされた。そのときに、「じゃあ、Aさんと距離を置こう」となるか。僕はAさんと変わらずに接します。つまり、周囲の評判で自分の印象を変えないように心がけるということです。

もちろん、自分に対しての態度がよくて、自分の仲間に対しての態度が悪かったとしたら気になります。そもそも、迷惑をかけるような振る舞いをする人には近づきませんけどね。

周りの評判ばかり気にして人間関係をつくっていたら疲れてしまいます。噂話や人の評判は話のネタになりやすい。今はＳＮＳやネット上で、真偽不明の情報や評判が大量に流れる時代です。その情報に興味がなく、意識しなくても、見聞きするときがある。断片的な情報だけで、その人の本質を理解した気になるのは危険だと感じます。

もし、その人に評判が悪いといわれていた部分があったとしても、僕と会っているときには改善されているかもしれない。先入観にとらわれて接すると、その人の素敵な部分に気づかないで終わってしまう。僕がＡさん、Ｂさんと仲がよくても、ＡさんとＢさんは仲がよいとは限らない。人それぞれ波長が合う、合わないがありますし、そこを気にしても仕方ない。自分が付き合いたい人と付き合う。僕の考えはシンプルです。

こう考えるようになったのは、おかん（母・一枝さん）の影響が強いと思います。「野球はチームプレーだから、周りの人に迷惑かけるな」と何度も言われましたが、僕の人間関係に口を出してきたことはありませんでした。

中学、高校の友だちの中には素行不良というか、いわゆるやんちゃな人間がいました。暴力を振るうわけではないですが、勉強をしっかりせず先生からの評判が悪い友だちもいました。でも、僕は仲がよいので家に連れてきて遊んでいました。

おかんはそのときに、「なんであんな悪い子とつるんで」などとは言わない。友だちにもご飯を食べさせて、「めっちゃいい子や、また連れておいで」と言ってくれたり、「あの子、あんたと気が合いそうやな」とほめてくれたりする。

おかんは友だちと会う前に判断せず、自分が接して、その人のことをしっかり見る。周りからの評判、噂話に左右されない。「不良だから付き合うな」とか、「あの子は評判悪いらしいな」とか一切言わない。自分が感じていた印象を大事にする。筋が通っているなぁと子どもの頃から思っていました。友だちが悪いことをしたら「それはあかん」って注意もしていた。真剣に向き合ってくれる大人の言うことは、子どももちゃんと聞きます。怒られた友だちは素直に聞いて反省していました。

おかんは、「あんたがええと思う人と仲よくすればいい」というスタンスでした。

信用されているのだから、自分がしっかりしなきゃなと思いました。

友だちと人の道に外れるような振る舞いをしたら言い訳できないし、おかんにも迷惑がかかる。今も明石の実家に戻って学生時代の友だちとご飯を食べるときは、おかんも来ます。「おばちゃん、おばちゃん」と言われて、当時と関係性が変わりません。ほかの家庭ではあまり見られない光景かもしれませんね。

でも、これが坂口家では自然な光景です。71歳で一人暮らしをしていますが、今もパートで働いていて、体操教室にも通うなどエネルギーがすごい。根本的に人が好きで、慕ってくる人を裏切らない。見習わなアカンと思います。


人間関係を築く際は、言葉で表現できない波長、心地よさ、雰囲気を大事にしています。学歴、社会的地位などはそれに付随するもので、僕は興味がない。仲がよい人たちの性格はさまざまですが、共通点は心の軸がしっかりしていることのように感じます。逆境にも動じない精神的な強さがある。長く付き合っている人には、尊敬できる部分がたくさんあります。

色眼鏡で人を見ると、自分にもはね返ってくるような気がします。表面だけでしか判断できなくなり、本当に心を許せる友人ができるのかなと。人それぞれの考えがあると思いますが、僕は自分が接してどう感じたかを、これからも大事にしたいです。

19 過去を振り返らない

現役生活を終えて、メディアに取材される機会が増えました。よく聞かれるのは昔の話です。近鉄、オリックス、ヤクルト時代の話はもちろん、どんな中学生だったか、高校ではどんな相手が印象深かったか、どの大会で手ごたえをつかんだのか。真剣に聞いていただいているのでなんとか思い起こそうとするのですが、全然思い出せない（笑）。特に学生時代の記憶があいまいです。中学時代に全国の硬式チームが集まる大きな大会で優勝したことを聞かれても覚えていません。

日々アップデートされているため忘れてしまうのだと、前向きにとらえましょう（笑）。でも、なぜ覚えていないのかと考えたとき、過去に興味がないんですね。もちろん、お世話になった方や仲間のことは覚えていますし、大切な思い出なのですが、自分がどの大会で優勝したのか、個人で表彰されたのか、などにはまったく興味がない。

自宅には野球関係のものは一切置いていないし、実家にも四度獲得したゴールデン・グラブ賞のトロフィーは飾っていますが、それ以外のものはどこかにしまってある。自分が取り上げられた昔の記事や写真を見ても、「へぇー」で終わってしまう。現役時代の活躍を称賛していただけることは大変ありがたいのですが、自分が大事にしているのは常に今です。自分が今何をしたいか、何を目指したいのか。だから、過去を振り返る感覚が薄いのかもしれません。

過去にこだわるのは、自分より周りだったような気がします。

プロ2年目の2004年にプロ野球再編問題が起こり、近鉄がオリックスと球団合併しました。そのとき、オリックスと新球団の楽天に分配ドラフトで選手が分けられ、近鉄からオリックスに入った選手は「チームカラーが違うので近鉄組、オリックス組は衝突する」といわれました。

その年の秋季練習は、オリックスのユニフォームが間に合わないので、近鉄のユニフォームを着て参加。メディアは騒いでいましたが、選手たちは元近鉄とか、元オリックスとか関係なく、お互いにすぐに溶け込みました。

球団再編は想像すらしていなかった出来事ですが、どこに行っても野球をやることには変わりません。近鉄時代の話は、あとで触れますが、オリックスの一員になった以上、チームのために全力を尽くすだけ。ドライなのではなく、勝負の世界を勝ち抜く以上、今を生きることに必死でした。

オリックスでは茶髪、ひげがトレードマークでしたが、ヤクルト入団時に髪を黒く染めて短くし、ひげも剃ってすっきりした風貌になったことが反響を呼びました。ただ、僕にとって、あのイメージチェンジは特別なことではなかった。オリックス時代はそのスタイルでやっていたのでワイルドな印象が定着しましたが、ヤクルトで再スタートを切るときに過去の実績は関係ありません。

個性は大事ですが、ルールを守るのが前提です。ヤクルトは黒髪、ひげを剃るのが基本だと聞いていましたし、その規則に従うことになんの抵抗もない。ただ実際に入団したら、髪を染めていた選手やひげを生やした選手がいたので「あれっ?」とは思いましたが(笑)。

でもヤクルトに入団したときが31歳だったので、そろそろ落ち着いた色の髪でもいいかなと前向きでした。本当におしゃれな人は、髪を黒色にしてもおしゃれですしね。

僕はオリックス時代に容姿で「派手だ」などいろいろ言われることが多かった。多少なりとも一軍で結果を出して、プレーに関してはとやかく言われない自信がありましたが、外見を変えることでイメージも変わるかなという思いもありました。オリックス時代から応援していただいているファンにも、「イメチェン似合っています」と言ってもらえたのはうれしかったです。

過去を振り返らないというのには、今の環境を大事にするという思いもあります。僕が新天地に移籍するにあたり、心がけていたことが一つありました。それは、「前のチーム」の話を極力しないことです。

例えば、ヤクルトに移籍して近鉄、オリックス時代のことを自分からは発信しないように意識していました。これは「過去を振り返りたくない」という感情とは違います。ヤクルトで自分の仕事を全うするのが一番大事なことなのだから、今の話をすればいい。「近鉄のときはこうだったのに」とか、「オリックスのときはここがよかった」と話すと、ヤクルトを貶《おとし》めるつもりがなくても誤解されて伝わる危険性がある。メディアに近鉄、オリックス時代のことを聞かれたときは答えていましたが、活字で切り取られると違った印象で解釈されることもあるので、言葉を選んでコメントしていました。

新しい環境に飛び込むと、今までかかわりがなかった選手やコーチの方、裏方さんと新たな人間関係を築きます。「オリックスから来た坂口は、どんな人間なんだろう」と当然思うでしょう。そのときに昔話ばかりしている人間だったらどう感じるか。グラウンドで結果を出すのが大前提ですが、チームにプラスアルファをもたらすためには立ち振る舞い、発言が大事になってくる。ヤクルトに入った以上、恩返ししたい一心でした。それを言葉でなく、行動で示さないといけないと思っていました。

もし、転職した職場で「前の職場はよかったよ」と話したら、あまりよい気分にはならない人がいると思います。自分の仕事、会社に誇りを持っている人から見れば、「じゃあ、なんでウチの会社にきたんだ」と不快に感じる。

口は災いの元と言いますが、損をする立ち振る舞いは、避けたほうがいいと思います。その点に気をつければ、新たな環境で再スタートを切るだけです。自分の未来は自分で切り拓く。過去の経験を大事にしながら、新天地で自分のするべきことに打ち込めば、新たな道が見えてくると思います。

第3章

悩み抜いたほうがいい

20 とことん悩み抜く

人間はだれもが、大なり小なり悩みを抱えて生きていると思います。悩みを直視することは、楽しい作業ではありません。ストレスを感じ、イライラすることもあるでしょう。でも目をそらしたり、悩みを放置したりしていたら、さらに事態が深刻になる危険性があります。これまでの章で、逃げること、人の話に耳を傾けることをおすすめしてきましたが、悩みへの向き合い方として、「とことんいくこと」も大事です。

現役生活を送っているときの僕は、とことん悩み抜くタイプでした。走塁、守備、打撃とありますが、特に試行錯誤を繰り返したのが打撃です。

打てないときは「なんで打てなかったのか」、「あの球をいっとけばよかったのか」、「こういう打ち方をしとけばよかったのか」と、大まかに分けると、この三つの観点で振り返ります。ここから、タイミングのとり方、構えから振り出すまでの体の使い方、スイングの軌道など細かく分析する。

3打席打てなかったら、3打席とも考える。1打席目の処理が終わったら、次は2打席目と考える。修正するポイントがつながれば気持ちがスッとするかといえば、そうとも限りません。頭の中がこんがらがって、もう何に悩んでいるのかわからないときもある（笑）。自分がイメージした通りの体の動きをしたから打てるかというとそうでもない。正直、正解がない世界です。

悩むのは凡退した打席だけではありません。ヒットを打った打席も、自分のイメージとは全然違う方向に打球が飛ぶと、なぜそうなったのか頭の中でプロセスを解明します。「こういうバットの出し方をしたから打てたんやな」とか、「調子が悪くても打てたのは下半身のこの箇所とこの箇所が違う動きをしていたから。こっちにいい動き、いいポイントがあったから粘れたんやな」とか考える。

打席での映像はあまり見ませんでした。投手も、自分の状態もその時々で違う。その映像のイメージにとらわれると頭の中に残るし、ヒットを打った映像を見て気持ちよくなると、自分の感覚が消えてしまう。

打撃のスタイルはさまざまです。球種を読んで打つバッターもいますが、僕は球種を読むと打撃が崩れてしまう。大ヤマをはっていた球が来たら見逃してしまいます。表現が難しいのですが、球種を読んで打つのがしっくりこない。

スコアラーからいただく相手投手の情報に目を通しますが、相手バッテリーは毎回同じ傾向で配球を組み立ててくるわけではありません。その投手の状態がありますし、例えば左打者の情報があっても、僕と助っ人外国人の配球が同じではない。データを見るとはいえ、自分の感覚を大事にしていました。どんな投手でもストライクゾーンにボールを投げ込んでくる。そこにどうアプローチしていくか。

悩んでいたことが100パーセント解決するわけではありません。シーズン中は毎日のように試合があります。翌日の試合に向けて時間が限られる中、ひたすら修正ポイントを探します。試合前の打撃練習は調整ではなく、見つけた修正ポイントに対処するための大事な時間でした。

よいバッターは打てなかった原因を分析し、修正する能力が高い。試合中にも修正できるので調子の波が少ないのです。僕はムラがある選手といわれ、安打が出ないと何試合も続くことがありました。

「考えすぎるから打てない時期が長いんじゃないか」と指摘されたこともありましたが、考えずに打席に入るのが嫌だった。考え抜く作業をしなかったら、もっと打てない時期が続いたのではないかと思うし、考えないで一時的に打っても身にならない。そうそうラッキーが続くことはないですし、本当に何も考えないで成績を出し続けている選手は、プロ野球の世界にいないと思います。

20年間の現役生活で、通算1526安打を打ちました。メディアの取材で「どの一本が印象に残っていますか?」と聞かれますが、僕はすべての安打が死に物狂いで打った一本なので、順位がつけられないのです。もちろん、サヨナラ安打も決勝打もうれしいのですが、Hランプをつけたすべての打席を誇りに思っています。6203打席立ち、凡退した打席のほうが当然多いのですが、課題をクリアしようと20年間悩み続けたからこそ、安打を積み重ねられたと思っています。

21

無理に気持ちを切り替える必要はない

気持ちを切り替えることが重要なのは、間違いありません。でも気持ちを切り替えたふりをすると、失敗を繰り返す危険性がある。僕はそう思います。

例えば、安打が出ていない打席が続いたあと、数試合ぶりに安打が出たときに、「開き直って打ちました」と話す選手のコメントを見聞きしたことがあると思います。僕も過去に発言したことがあると思いますが、「開き直っていないのに思いっ切りいきました」という言い方が真意に近い。なぜなら、開き直って打てるほど、プロの世界は甘くないからです。

選手たちは凡打した試合が続くと考え抜きます。その結果、原点に立ち返ることを「開き直って」と表現するかもしれません。ただ、「何も考えずに気持ちを切り替えて」というニュアンスで伝わると、違うかな。

試合中は攻守が替わるし、次のプレーが続くので気持ちが自然と切り替わりやすいのは事実です。1打席目、2打席目、3打席目と得点差、走者の有無などシチュエーションも変わります。

でも試合が終わったら、僕はその試合の打席を翌日まで思いっ切り引きずります。いろいろな考え方があると思いますが、僕は気持ちを切り替えたという言葉で次に向かいたくない。実際、悔しい気持ちはそう簡単に切り替わらないし、切り替えたふりをすることで修正ポイントを見過ごしてしまう恐れもある。

僕は、気持ちは引きずるものとして野球をやっていました。凡打が続いたときほど、試合後にユニフォームを長い時間着ていようと意識して、ユニフォームでなくても、トレーニングウエアなど野球に通ずる格好をしていました。結果が出なかった現実を見つめて、とことん考え抜くためです。そのときはロッカーを引き揚げるのも遅かった。

選手の性格はいろいろです。思うような結果を残せなかった日に、僕みたいに遅くまで球場に残る選手がいれば、打っても打たなくても球場から引き揚げる時間が一定の選手もいる。そういった選手が凡打しても悩んでいないかといえば、そうではありません。結果を残す選手ほど、ストイックに原因を探求する。その作業を球場で行うか、自宅や他の場所でするかの違いだけだと思います。

趣味やリフレッシュの時間で気持ちを切り替えるという考え方がありますが、僕は食事の席が、気持ちを切り替える時間という認識はありませんでした。お酒を飲めば忘れて気持ちが切り替わるという問題ではなく、悩み抜いて野球で結果を残すことでしか、目の前の壁は乗り越えられない。チームメートとの食事は純粋に楽しい時間という認識で、野球の結果とは切り離して考えていました。

打てなかったら思い切り引きずればいいいし、悩めばいい。マイナスに聞こえるかもしれませんが、次の日の試合がくるまでには修正作業を施す。無理に気持ちを切り替えなくても、自然と戦闘モードに入ります。

これはプロ野球選手だけが特別なのではないと思います。受験生が一生懸命に勉強したのにテストでよい点が取れなかったら、ショックでしょう。なぜ高い点数を取れなかったのか悩むし、なかなか気持ちを切り替えられません。

会社員が自分のミスで取引先との商談が成立しなかったら、すぐには立ち直れないでしょう。ここで気持ちを簡単に切り替えられたら、上司や同僚に驚かれると思います（笑）。

悩むことが問題解決の第一歩だと考えています。気持ちを引きずるのは決して悪いことではない。精神的に目一杯にならないためにリフレッシュの時間は大事だと思いますが、「ああでもない、こうでもない」と試行錯誤することが成長につながる。気持ちを切り替えることにフォーカスするのではなく、悩みを解決するために考え抜けば、気持ちは自然と切り替わっていくと思います。

22 悩みを克服するための準備の重要性

僕はプライベートでは大雑把というか、くよくよしない性格ですが、野球に関しては読んでいてお気づきの通り、神経質だと思います（笑）。

この場面でしてはいけないプレーは何か、守備でも打撃でもその局面、局面で考える。もちろん、ベストの結果が出れば最高ですが、相手があることだし簡単にはいかない。そのためいろいろな事態を想定して準備する。

僕の野球人生で大きなターニングポイントになったのが、ヤクルト時代に経験した一塁への挑戦でした。

ヤクルト移籍後、試合に出場させていただき結果を出すことができました。16年は141試合に出場して打率・295、17年は136試合出場で打率・290をマーク。両方の年で、ともに607打席立ち、2年連続155安打を打ちました。メディアにも大きく取り上げてもらいましたが、僕自身はこの結果に満足しているわけではありませんでした。600打席以上立たせてもらっている以上、150安打以上は最低ラインだと考えていましたし、2年連続で打率3割に届いていません。「オリックスの坂口」から、「ヤクルトの坂口」として認めてもらったかもしれませんが、まだまだ恩返しができていないと思っていました。

自分が外野のレギュラーをつかんだという感覚もありません。僕がセンターを守り、レフトはバレンティン選手、ライトは雄平という布陣が多かったですが、（上田）剛史、（山崎）晃大朗と力のある外野手が控えていました。結果を出さなければ、とって代わられる立場でしたし、一年一年が勝負だった。その中で、春季キャンプ中の18年2月上旬に、メジャーでプレーしていた青木宣親さんがヤクルトに復帰することが決まりました。

青木さんが中堅に入ることで、一気に状況が変わりました。外野のレギュラー争いが熾《し》烈になり、僕もその競争を勝ち抜かなければいけない。気合が入っていた中で、打診されたのが一塁へのコンバートでした。外野と兼任ですが、正直想像もしていなかった（笑）。メディアには中学以来の挑戦と書かれていましたが、実は一度も守ったことがありません。でも、出場機会を増やすために違うポジションで挑戦させていただけることがありがたかった。

「プライドを傷つけられたか？」と聞かれたときがありましたが、そんな思いはまったくない。試合に出場できるならありがたい。一塁を守れるか未知数なのに、チャンスをいただけたことがうれしかった。当時監督だった小川淳司さん（現ヤクルトGM）、ヘッドコーチの宮本慎也さんには特に感謝しています。


そして、実際に春季キャンプから一塁に挑戦することになりましたが、ここで器用にこなせるほどキレイなストーリーではありません。

まず、一塁からの光景が外野とはまったく違いました。驚いたのは距離の近さです。「打者がこんなに近くで打つんや……」と面食らいました。構え方も外野と違います。しっかり腰を落として、一歩目をどう動くか。一、二塁間の打球はどこまで追いかければいいのか。（山田）哲人は打球への反応が速く守備範囲が広いので、

一、二塁間の打球で「ここまでは哲人」と練習を繰り返すことで、体に覚え込ます必要がある。普段は何気なく見ていた内野ゴロの捕球が実は難しい。

送球のキャッチも難しかった。選手によって送球の質、軌道が全然違います。少しスライドしたり、シュートしたり……。観客席に座るお客さんの白い服とボールが重なると見えなくなる。

内野フライも難しいです。外野フライと感覚がまったく違います。外野を守っているときはフライが飛んできたら、斜め上を見てその後に首の角度が上がる。でも、内野フライは打球が上がった瞬間に真上を見て、追いかけなければいけない。打球の高さやスピン量も外野フライと違うので、目測を一度誤ると修正できない。神宮球場は、風で打球がフェアグラウンドに戻されるので難しかった。捕球できずに哲人に任せることが多かった。哲人には本当に助けられました。

野球は一塁手が関与するプレーがめちゃちゃめちゃ多いことにもあらためて気づかされました。内野ゴロのほとんどのプレーに絡むし、とにかくよく動く。キャンプ中は、外野では使わない大腿や違う筋肉が張って、次の日は体が動かない。やることが多すぎて、このときは守備しか考えられなかった。練習でも自分のミスで迷惑をかけ、「一塁やるなんて言うんやなかった」と後悔したこともありました（笑）。

ただ、試合に出場させていただく以上、言い訳はできない。不安を取り除くため、やるべきことはなんでもしました。先輩の畠山（和洋）さん、武内（晋一）さんが一塁の守備が抜群にうまいのでいろいろ教えてもらって、コーチの方たち、一塁の守備を経験した選手たちにも手あたり次第、アドバイスを求めました。

当時DeNAのホセ・ロペスにも相談しました。ロペスは一塁の守備がすごくうまい。NPBでもゴールデン・グラブ賞を五度獲得した名手です。最初は「打球が飛んできても倒れていれば、エラーじゃなくてHランプがつく」と冗談を言われましたが（笑）、丁寧に教えてくれた。

親身になって貴重なご助言をしていただいたみなさんに、本当に感謝しています。

もちろん、実戦を経験しないとわからない部分はあります。そこで大事なのが準備です。走者が出たら、一塁手はベースについて牽制球に備えますが、足の速い走

プロ16年目、34歳になるシーズンに、一塁の守備に初めて挑戦した

者のときは、投手がボールを長く持って駆け引きする。経験豊富な一塁手は投手からの牽制が来るタイミングがわかると思うのですが、僕は一瞬でも気を抜けない。目を開いたままなので照明も当たるし、目がチカチカする。病院に行ったところ、「ドライアイ」と診断が下され、デーゲームだけでなくナイターでもサングラスをかけるようにしました。ナイターでは透明のサングラスを使って、少しでも風に当たらないように、対策できることはしたのです。

また、内野手は強烈なゴロが飛んでくるので急所を守るために、「金カップ」をつけます。これも外野手だった僕はつけたことがなかった。一枚サポーターを余計にはいているような違和感があったので、この感覚に慣れようと、練習のときも試合で外野を守るときもつけていました。

忘れられない試合があります。18年4月3日の広島戦（神宮）。開幕2カード目の初戦でした。プロ3年目の原樹里が先発で5回まで2失点と踏ん張り、1点リードで迎えた6回に、僕のプレーが試合の流れを変えてしまった。一死一、二塁で、一、二塁間に飛んだ打球を捕ったのですが、一塁のベースカバーに入った樹里に悪送球をしてしまい、二塁走者だけでなく一塁走者も本塁に還して逆転されました。

自分のエラーで樹里の白星を消し、敗戦投手にしてしまった。申し訳ないという気持ちでは済まされません。若い投手の1勝はとてつもなく大きい。その1試合が野球人生を変えてしまう可能性がありますし、チームの勝利にも貢献できていない。

小川監督には「ミスも計算に入れているし、想定済みだから気にするな」と声をかけていただき、（宮本）慎也さんにも「次の試合もいつも通りやってくれよ」と励ましてもらいましたが、チームの1勝をフイにした責任を痛感していました。

現実的には厳しいかもしれませんが、急速にうまくなるしかない。そのためには自分のできる最善の準備をするのみです。ミスを忘れて切り替えるという人もいますが、僕の最善は、ミスを忘れず次に生かすこと。現役20年間の大きなミスは大体覚えています。そのミスを心にとどめて練習と結びつけてきた。「こう捕ったらミスにならへんな。こうすればあのエラーにはならへんな」と確認するのです。

翌日から毎日のようにそんな意識で練習しました。試合前に一塁で特守を受け、打撃練習後も一塁でノックを受け続ける。樹里にお返しできないかもしれないけれど、なんとか罪滅ぼししたいし、チームにも迷惑をかけたくない。その一心でした。
一塁の守備は最後まで慣れませんでしたが、ゼロからのスタートで1か2にはなったかなと思います。10を目指していたので満足はしていないものの、自分の野球人生にプラスにしかならないコンバートでした。サインプレーを含めた内野の動き、守備位置のとり方、投手への声かけなど勉強になることが多くありました。もし、外野手のまま現役を終えていたら、この貴重な経験ができなかった。一塁で起用していただいて、野球の奥深さをさらに知ることができました。

みなさんも難しいミッションを乗り越えなければいけないときがあると思いますが、大事なのは準備だと感じます。僕は一塁手で一人前になったとは言えないレベルなので、偉そうなことは書けませんが、成功を目指して最善の準備をする。「難しいからあきらめよう」とするか、「難しいけれどやることをやろう」と準備を尽くすか。成功するかどうかはわかりません。でも後悔しない生き方は後者です。

23 自分で結果を左右できないことは考えない

悩むときは「とことん悩み抜く」と先ほど書きましたが、悩みの中には自分で解決できる可能性がある問題と、自分の力で結果を左右できないことがあります。僕は近鉄で2年間、オリックスで11年間プレーしたあとに、ヤクルトに移籍しました。パ・リーグから初めてセ・リーグに移ったことで、メディアの人には両リーグの違いについて聞かれることが多かった。

確かに、両リーグの違いを感じることはありました。ヤクルトに移籍直後の2016年と現在では、また感覚が異なるかもしれませんが、パ・リーグの球場のほうが相対的に広いことから、当時は違いを感じたのです。

球場のサイズが違うと、投手の配球が変わってきます。パ・リーグはパワーピッチャーが直球を主体にグイグイ押し込んでくるイメージでしたが、セ・リーグでその配球だと投手サイドから見ると、詰まらせてもスタンドに運ばれる恐れがある。変化球主体の配球術で、制球に細心の注意を払った投球が多いように感じました。

また、パ・リーグは指名打者制度を採用しているのに対し、セ・リーグは投手が打席に入ります。

僕はヤクルトで一番を打つことが多かったので、九番の投手がアウトになったときは、投手がベンチ前でキャッチボールをする時間をつくるように心がけていました。例えば、ゆっくり打席に入るとか、初球は振らずに、少ない球数で淡白に三者凡退にならないようにするとか。もちろん、状況によりますけどね。劣勢の展開で甘い球が来たら初球から振りにいくときもあります。

ほかにも違いを感じたところを振り返れば、些細な部分を含めていろいろあったと思います。でも、過度には気にしていなかった。セ・リーグとパ・リーグの違いを意識したところで、自分ではどうにもできない。そこで悩んでも仕方がない。シンプルに対戦相手がいて、投手と対戦することは、どちらのリーグでも変わらない。

深く考えずに、同じ野球としてとらえていました。

ケガもそうです。しないのが一番いいですが、仕方ないと割り切らなければいけないケガもある。19年の開幕3戦目・阪神戦（京セラ）で島本浩也投手の内角高めに入った直球が左手を直撃し、親指を骨折しました。左手に当たったことはそれまで全然なくて、うまくよけられたらよかったけれど、島本投手はいいピッチャーですから、あの球をうまくよけるような体の使い方をしたら打てない。真剣勝負の中でケガをしてしまったことは仕方ないと前を向いていました。

21年も開幕3戦目の阪神戦（神宮）でアクシデントに見舞われました。このときは開幕から安打が出ずに、9打席無安打で4回の打席がまわってきました。なんとか安打を打ちたいと思っていましたが、自打球が右膝に直撃して、1、2歩いたら急に痛みを感じました。「ちょっとまずいな」と思ったけれど、ここで交代するのは申し訳ない。ファウルで粘っていたらスタンドから拍手が起きて、痛みより、「あっ、これは1本出る流れやわ」と思ったらセカンドゴロでした。

走れずに途中交代したのですが、骨折していないだろうという願いに似た思いがあった。次の日も痛みが引かなかったものの、「あと何日か待ってもらっていいですか」とトレーナーに伝えました。3日我慢すれば、4日目は痛みが引くという僕の独自の理論がありますから（笑）。屈伸はできないけれど歩けるので、いけると思ったのですが、病院に行ったら「右膝の膝蓋骨《しつがいこつ》の剥離骨折」と診断されて「嘘やん！」とびっくりしました。

19年に続いて開幕早々ケガしたことは悔しかったです。チームにも迷惑をかけて申し訳なかった。ただ、ケガしてしまったことを後悔しても仕方ない。自打球ですし、不可抗力の部分がある。リハビリをして、実戦復帰に向けてやるべきことをやる。考えたのはそれだけでした。

僕はスライディングをする際に右足を折るので、ケガをした右膝をまた痛める可能性がありました。左足を折ってスライディングする選択肢もありましたが、不慣れでケガをするリスクが高い。そこで、ローラースケートの膝につけるプロテクターをインターネットで購入しました。転倒時のケガを防止するものですが、これをつけることで安心感が生まれました。右足の膝だけボコッとふくらんでしまいましたけどね。

現役時代は何度もケガをしましたが、「あのケガがなかったら……」という思いはありません。ケガをしたのが自分の野球人生ですし、ケガを乗り越えられたから今があるともいえる。ケガをしてしまったことを悔やんでも、ケガをする前に戻れるわけではないし、自分の力ではどうしようもできないですから。

24 悩むときは一人の空間を大切に

シーズン中に試合の反省をする空間が車の中でした。本拠地の球場から自宅まで30~40分間ぐらいでしょうか。運転には集中しますが、「なんであの球を打ったんやろ」、「あのバッティングは正解だったのか」と、その日の打席を振り返る。車の中で時間が足りなかったら、自宅に戻ってもひたすら考える。

チームメートと食事をするときは切り離しますが、振り返ってみると一人でいるときは野球のことを考える時間が長かったと思います。

「メリハリをつけないと」、「気分転換したほうがいい」という考えがあるかもしれませんが、僕はできなかった。不安をそのまま棚上げして、ほかのことを考えても落ち着かない。それなら、とことん悩み抜きたい。

一人で考える時間を大事にしたのは、一緒に過ごしている人に悩んでいる姿を見られて空気が重くなるのが嫌だったのもありますが、頭の中を冷静に整理できるというメリットがあります。打席に立っている坂口を、遠くから俯瞰して見ている「もう一人の自分」がいる感覚ですかね。

試合中は熱くなっていますし、チームの勝利に貢献する役割を全うすることに精一杯です。一人になって打席を振り返ることで、技術的な修正点を冷静に見つめ直すことができる。もしほかの人と振り返るとなったら、悔しさなど感情が芽生えてしまう。直視しなければいけない修正ポイントが、ぼやける危険性があります。

問題を解決するために周囲の力を借りることは大事ですが、自分自身の行動を客観的に振り返る「内省」の時間も大事だと思います。今はSNSで周囲と常につながっている状況です。スマホ1台ですぐに連絡が取れますし、その人の近況が気になれば確認ができる。一人になって冷静に考える時間が失われているようにも感じます。

私たちは常に選択を迫られて生きています。今日のご飯は何を食べようか、どちらの仕事を優先しようか、休日はどこに行く予定を立てようか……。

すべて自己判断ですが、ネットを開けば、手軽にできる料理や効率よく仕事をする方法、休日のイベント情報などすぐに確認できます。便利な時代ですが、情報ばかりたくさん入れて時間が流れてしまっては、一人で考える時間を放棄することになり、自分の軸がブレてしまう怖さがあります。

打撃の話に戻れば、先ほど書いた通り、僕は自分の打席を映像で何度も振り返らないようにしています。映像のイメージに引っ張られて、自分の感覚を忘れてしまうからです。安打を放った映像を見たら、打撃のメカニズムとして体でとらえた違和感が消えてしまうかもしれない。

これも、自分が一人の空間、時間で考え抜いて出した結論です。映像を見て振り返ったほうがよいという選手はいますし、分析の仕方は選手それぞれです。

僕の場合は、俯瞰して自分を見つめる作業を大切にしていました。

人生の節目で大事な決断を迫られるときがあると思います。家族や信頼できる方に相談するのはもちろん大事なことですが、最後に決めるのは自分です。

僕は2022年のシーズン終盤に現役続行か引退するかで悩みました。若手がしっかり育ってきたチームにあって、レギュラーを目指すと口では言っても本気で目指せるかといったら迷いがあった。何度も何度も気持ちが揺れ動いたけれど、一人で冷静に考え抜いた結果、「ボロボロになるまで続けるのも幸せやけど、自分を拾ってくれたヤクルトで終わるのが一番よいかな」と踏ん切りをつけた。

車、電車での移動の時間、散歩しているとき、部屋で過ごしているとき……一人でいるときなら、場所はどこでもいいのです。スマホから距離を置いて、自分の行動を振り返ったり、悩みに向き合ったりする時間をつくることで、自分自身への理解が深まると思います。

第4章

己を知ることが大事

25

あこがれの人にはなれない

幼少期だった30年以上前は、子どもたちが広場や公園で野球をしている光景が日常でした。僕が住んでいる団地も近くに広場があって、物心ついたときからほかの子どもたちと野球をして遊んでいました。

投げる、打つのが純粋に楽しくて、もっとうまくなりたいと思い、チームに入ったのが小学2年生のとき。近所にソフトボールのチームしかなかったので、歩いて片道1時間の距離にある地域の軟式野球チームに入り、親に車で送り迎えしてもらって通っていました。

平日に友だちと野球をして、土日は軟式野球チームで活動という毎日でした。何時間しても飽きないし、時間を気にせず夢中になる。雨が降って外で野球ができない日は怒っていました。

将来はプロ野球選手になりたいなぁと、野球をやっている子どもなら、だれしも抱く夢を漠然と抱いていました。

この頃、一人のプロ野球選手に夢中になります。当時阪神でプレーしていた新庄剛志さん（現日本ハム一軍監督）です。僕が小2だった92年に彗星のごとく現れて、一瞬でスターになって。

みなさんもご存じなので説明が要らないと思いますが、とにかくかっこよかった。華やかで、キラキラしていた。ホームランを打ったあと、外野でファインプレーをした姿……すべての動きが目に焼きついていますが、僕が一番かっこよく感じたのが、三振の仕方です。

中途半端ではなく、首が三塁ベンチに向くぐらい豪快に空振りする。ヘルメットが取れて髪を直すしぐさがかっこよくて。当時は新庄さんを見るために、サンテレビで阪神戦を見ていました。新庄さんにあこがれて髪型をセンター分けにして襟足を伸ばして。「はよう切れ！」といろんな人に怒られましたけどね（笑）。

38歳。現役最後の打席で見せた空振り。8歳のときに見ていた「あこがれの人」のように豪快で、「いてまえ精神」、「もののふの心」、「不屈の魂」がこもった唯一無二のスイングだった

小3のときに年上の人たちがたくさんいる中、レフトで初めて試合に出て、学年が上がると投手とショートをやるようになりました。自分で言うのもなんやけど、能力はホンマ高かったと思います(笑)。

小6になると身長が、同級生より頭が何個分も高かった。160センチぐらいあったかなぁ。背が高くて体格に恵まれていたのが大きかったと思うのですが、投げればだれよりも速い球を投げて、打てばだれよりも遠くに飛ばす。足も速かった。「おれが一番うまい」と、完全に天狗《てんぐ》でした。

でも、中学生のときに硬式野球のヤングリーグ「神戸ドラゴンズ」に入ったときに、同学年にすごい奴がたくさんいて、自分は「井の中の蛙」だったなと思い知らされました。セレクションで入団したのですが、振り返るとレベルは相当高かったと思います。

年を重ねると、自分の立ち位置がわかってきます。高校のときに雄平、野間口貴彦さんを見ると投手としてのレベルが全然違った。こんなすごい選手がいる中で活躍するのは難しい。兵庫県大会でいかに目立つか、そのことしか考えませんでした。

プロに入ると、身体能力ですごい選手たちがたくさんいました。僕は強肩といわれていましたが、もっと強い人はたくさんいましたし「おれはプロの平均レベルやな」と感じていました。

入団後に目標の選手を聞かれることがありましたが、僕はだれを目指すということはなかった。その選手と僕では持っているものが違う。小さい頃のヒーローは新庄さんでしたが、あの華やかなプレーは僕にはできない。新庄さんのように球界トップレベルの強肩を持っているわけではないし、あのプレーを求めると自分のスタイルが崩れてしまう。あこがれの人になれないのが現実です。

ただ、悲観しているわけではありませんでした。新庄さんにはなれませんが、違ったかたちで目立つことはできる。それぞれの個性で輝けばいいわけですから。新庄さんはメジャーでプレーしたあと、日本球界に復帰して日本ハムで3年間プレーして06年限りで現役引退されました。

僕は近鉄、オリックスで若手の駆け出しの時期だったので、同じグラウンドに立てたときは感動しました。新庄さんの近くを通ったら香水のいいにおいがして

（笑）。身近で見ても、ほんまにかっこよかったです。

みなさんにも、あこがれの人がいるのではないでしょうか。スポーツ界で活躍しているアスリートはもちろん、同じ職場の優秀な先輩や上司、中、高校生は同じ部活の先輩など、身近な存在でいるかもしれませんね。

そのときにあこがれの人と自分の能力を比較して、「自分はダメだ」と落ち込んでしまうかもしれませんが、あせる必要はありません。あこがれの人とあなたは違う人間ですから。顔、性格、年齢も違いますし、あなたにしかない個性があります。自分を卑下して投げやりになったり、腐ってしまったりするのはもったいない。

もしかしたら、あこがれの人は「自分が持っていない魅力をあなたが持っている」と感じているかもしれません。花の咲き方は人それぞれです。自分の人生の道標として、あこがれの人はかけがえのない存在ですが、自分らしさを忘れないでほしいです。

26 性格も体型も十人十色

22年限りでプロ野球の世界を引退して、2カ月で体重が3キロ落ちました。運動しなくなるので、「体重が増えるのでは？」と想像するかもしれませんが、僕は食が細いのです。おいしいものを食べるのは好きですし、楽しみな時間なのですが、量を食べられない。放っといたら、やせてしまう（笑）。

高校のときに練習が厳しいのはもちろんのこと、それ以上にしんどかったのが食事でした。身長は180センチ近くあったのですが、ヒョロヒョロだった。体重を増やすために、学校が休みの期間は食事合宿で、朝からどんぶり3杯のご飯を食べなければいけない。普通のお茶碗ではなく、うどんを入れるどんぶりなので、食べても、食べても、量が全然減りません。

コーチに見張られているので、食べ終わるまで解放されない。ご飯をかき込むために卵かけやお茶漬けなどいろいろやったけれど、味変のレパートリーがなくなってくる。肉やサラダなども、毎日のようにたらふく食べていましたが、それでも体重は73、74キロぐらい。食が細いうえに食べるスピードも遅かったので、なかなか太れなかったのです。

プロ入り後も食事は大きな悩みでした。暑さに強く、夏場は食欲が増すので体重が減らないのですが、春先と秋の涼しい時期は食べるのを怠けてしまう。毎日試合がありますし、エネルギーを消費するので、当時は無理して量を食べていました。

ナイターのあとにお酒を飲んだらご飯を食べられなくなるので、夜中にマクドナルドに寄ったり、コンビニでパスタを購入したりしていました。それでようやく体重を維持できる。「酒を飲まんと飯を食えよ」って話ですよね（笑）。食事以外にもプロテインの回数を増やすなど、とにかく体重を落とさないことに神経を遣っていました。

若手のときは体重維持に苦労しましたが、年数を重ねると体についての知識も増え、トレーニングで補強運動をすることなどで、体重が少しずつ増えていくようになりました。オリックスでレギュラーとして試合に出ていたときが体重77キロ前後、ヤクルトで80〜82キロぐらいでした。

年齢によって体を動かす感覚も変わってきます。体調管理のバロメーターとして、体重より体脂肪を気にするようになりました。長いペナントレースでコンディションを落とさないためには、体力が重要です。僕の場合は脂肪が少しついていたほうが楽で、10パーセントを超えていたほうが動けるし体にキレがある。

オリックスで「疲れやすいな」と感じたときは、体脂肪が10パーセントを切っているときが多かった。スピードが武器のプレースタイルなので、「体脂肪が少ないほうがよい」と傍からは感じるかもしれませんが、一概にそうとは言い切れません。

僕みたいに食べても太れない選手がいれば、逆に吸収率が高いため食事を節制して体重管理をしている選手もいます。筋肉量、骨格は個々の選手で違いますし、心地よいと感じる体重は変わってきます。

これはプロ野球選手に限った話ではないと思います。自分が好きなファッションモデルに近づこうと、食事をしっかり摂取せずに体重を無理やり落とす人がいますが、このやり方は危険です。人それぞれ心地よく動ける体重がありますし、過度に体重を落としたり、逆に太ったりすることは健康を害する危険性が高くなってしまいます。

僕は体が資本の仕事だったので体重、体脂肪に気を遣っていましたが、そうでなければ数値に神経質になる必要はないと思います。精神的に大きなストレスを抱えてまで、食生活などで自分を追い込む必要はありません。

体型が個々によって違うように、性格も十人十色です。「口下手で、周りにうまくなじめない」と悩んでいる方がいらっしゃるかもしれませんが、全員と仲よくする必要はないですし、自分のやるべきことをやったうえで一人でも仲よくなれる人を見つけられればいい。

「余計なことを言ってしまう」と考える人は、その人のためを思って言っているかもしれないですし、親切な気持ちまで否定する必要はありません。

「余計な一言で傷つけてしまった」と感じたならすぐに謝ればいいですし、一度聞き役に徹してみることで、伝え方が変わってくるかもしれない。

僕はこの風貌なので無愛想に思われることが多いのですが、「しゃーない」と割り切っていました。「しゃべれば、どんな人間かわかるやろう」と(笑)。

体重が増えにくい体質も、途中から「しゃーない」と考えるようになりました。これが自分ですし、受け入れるしかない。みんな同じ性格で、同じ体格だったら面白みがない世界になってしまいます。違いがあるから、その個性に魅力を感じるのだと思います。

27 プラス思考にならなくてもいい

書店に行くと、メンタルにまつわる書籍は多いですよね。僕自身も、選手のときにそんな本を手に取ったことはあります。本を手に取る基準は、なんとなく面白そうとか、役に立ちそうとかいろいろですが、絵が入っているものなら、その絵の感じが好きかどうか、パッと見たときの雰囲気も大事にしています。

小さい頃は、絵本『ぐりとぐら』が好きでした。『おしいれのぼうけん』も何度も繰り返し読んだ記憶があります。

オリックスでプレーしていたときには、当時の森脇浩司監督から選手たちに向けて、「本を読んだほうがいい」とすすめられた時期があって、東野圭吾さんの小説などさまざまなジャンルを読みました。

メンタル系で「プラス思考のススメ」みたいな本も読んだことがあります。プラス思考にするための行動として、「気持ちの切り替え」、「失敗を引きずらない」などと書かれていたと思います。

参考にした部分もありましたが、やっぱり自分に合わないなと感じて、続きませんでした。悩み抜くのが自分だし、嫌なことは嫌で無理に気持ちを切り替えたくないのも自分だなと。自分らしく生きたほうが失敗しても納得する。自分と違う考えを頭ごなしに否定することはしませんが、最終的には自分が思うようにやって失敗したほうが悔いは残らない。人間は弱いから何かのせいにするのだと思います。僕は自分の責任で完結したいと思ったので、「プラス思考になる」という内容を鵜呑みにはしなかったのです。

プラス思考を否定しているわけではありません。ただ、不安を抱えていることが決して悪いことではないと感じます。不安で悩むから行動が慎重になる。それも自分の生き方のペースなので、無理にプラス思考に変える必要はないように感じます。

そんな頑固な自分にも、人生に大きな影響を与えた漫画があります！

バスケ漫画の『スラムダンク』です。幅広い世代から絶大な人気を誇っているので、全巻読まれた方も多いと思います。僕も何十回、何百回と数えきれないほど読み返しました。

ネタバレになるので詳細は書きませんが、『スラムダンク』の魅力は、ストーリーやキャラクターに自分自身の人生を投影させ、参考になる部分が多いことです。主人公の桜木花道、流川楓、赤木剛憲をはじめ、ライバル校の選手たちの生き様にも感情移入できるので、大げさでなくすべてのページが濃厚で面白い。

僕はちょっとやんちゃな時期もあったので三井寿に近いと感じますが（笑）、一番好きなキャラクターは宮城リョータです。

宮城は身長168センチとバスケ選手としては小柄ですが、そのハンデを武器にする。逆転の発想ではなく、自分が生きる道を突き詰めた結果だったと思います。「短所が取り柄になる」というのはだれにでも当てはまることだと思いますし、そこを突き詰める宮城の姿勢が大好きです。

そして、安西先生は僕の師匠ですね（笑）。心に残るシーンは、安西先生が絡んでいるエピソードが多い。『スラムダンク』が好きな方から見ればありきたりかもしれませんが、「あきらめたらそこで試合終了だよ」のセリフが、最も印象的です。10代、20代、30代と何度も読み返していますが、置かれた立場や境遇によって受け取り方が変わってくるし、これほど深い言葉はない。安西先生のセリフだからこそ、心に刺さった部分もあります。

単行本で読み返すことが多いですが、ヤクルト時代は試合前にタブレットでよく読んでいました。今の自分の心理状態と照らし合わせながら、「ここだ」と思う部分を見て心を奮い立たせる。いろいろな漫画を楽しんできましたが、自分の中ではナンバーワンの名作ですね。僕が読んでいたので、『スラムダンク』をリアルタイムで知らない若い選手たちも手に取るようになりました。

ヤクルトでチームメートだった廣岡大志（現オリックス）は特にハマっていました。沖縄で春季キャンプ中に、宮城リョータがプリントされたTシャツをお土産屋さんで買ってくれて、プレゼントしてくれた！　大志はいい子なんですよ。あのときは本当にうれしかったです。

日本の漫画は海外でも人気の作品が多いと聞きます。読んでいないけれど、興味がある漫画がたくさんありますし、おすすめの漫画があったら教えてほしいです。ちなみに、『スラムダンク』のほかには、サッカー漫画『エンジェルボイス』もおすすめです。サッカーがわからなくても面白いですし、人生の教訓になるようなストーリーが多く描かれています。

漫画を含めて本を読むことは、自分の知らなかった世界に触れて視野が広がるよい機会だと思います。僕は、『スラムダンク』と巡り合って人生の指針にしました。人生観が変わったり、人生の支えになったりする作品に出合えたときの喜びは大きいと思います。

自分の価値観に合う本があれば、合わない本もあると思います。違う価値観に触れることも大事なことですが、「売れているから」、「人気だから」という理由で、しっくりこないまま、その本が主張する内容に沿って生きる必要はないと思います。僕の今回の書籍も、読者のみなさんが共感できる部分があれば、そうでない部分もあるでしょう。当然だと思いますし、貴重な時間を割いて読んでいただけるだけでありがたい。少しでもお役に立てればうれしいです。

28 人生の決断は自分の意思でする

中学生のときに、硬式野球のヤングリーグ「神戸ドラゴンズ」でハイレベルな環境に身を置き、練習が厳しくなりました。求められる水準が高くなるので当然だったのですが、そのときは「もっとうまくなりたい」、「試合に出たい」という思いが強かった。野球を好きじゃないと、お金にならない練習をあそこまで頑張れない（笑）。

活動日は水、土、日と週に3回だったので乗り切れた部分もありました。ただ、高校になると違う。学校と野球の生活になるので進学に関しては、自分の性格に合った環境はどこかなという視点で考えていました。

兵庫は野球が盛んで強豪校が多い。みなさんもご存じの報徳学園は野球のエリートが集まり、プロ野球選手を多く輩出しています。また、育英も甲子園常連校で、神港学園、市立尼崎、神戸弘陵、滝川第二、東洋大姫路も野球伝統校として人気でした。

僕は何校かお誘いを受けた中で、選んだのが神戸国際大付属高でした。

寮に入らず、自宅から30分ぐらいで学校に通える距離だったのも理由の一つですが、青木尚龍監督に熱心に声をかけていただいたことが決め手になりました。あの頃の神戸国際大付属高は県でベスト8ぐらいの実力で、甲子園に行く高校とは力の差があった。でも、僕はそういう環境のほうが闘志に火がつく。下馬評をひっくり返すことに燃えるタイプなので、合っているんじゃないかなと感じました。

野球強豪校に行ったら、1年生は球拾いをしているのが当時は珍しくなかった。自分の性格を考えたら我慢できずに野球をやめてしまうかなと考えたのです。

あとは自分の家庭環境も人生の決断に影響していました。

僕が中学のとき両親が離婚し、母が僕と妹を引き取って育てることになりました。子ども心に「おかんに負担をかけたらあかんな」という意識は芽生えていました。

少しでも負担を減らしたいと思い、高校は特待生で行くというのが大きな目標だった。高校で3年間野球をして、プロに行けなかったら野球をやめるつもりでした。大学に進学するという選択肢がないし、当時は社会人野球を知らなかった。

プロ野球の世界に行くためにはどうするか。僕の中では甲子園に行くより、プロのスカウトが見にくる試合で活躍することのほうが重要だった。

もちろん、甲子園に行けたときはうれしかったです。1年秋からエースになり背番号1をつけさせてもらって、秋の近畿大会でベスト4入りし、2年春に春夏通じて学校初の甲子園出場を決めました。チームメートもそうだし、監督やお世話になった方たちも喜んでいた。その姿を見ると、自分でも少しは貢献できたかなとホッとしました。

でも、甲子園に行くと、さらに上がいる。自分は投手として球は速かったけれど、コントロールが悪かった。全国に行ったら勝負にならない。投手は投げるしかありませんが、野手は打つ、走る、守ると3つある。「自分の生きる道はこっちやな」と気づいた瞬間でもありました。

甲子園のすごい選手たちの中で活躍するのは難しい。やはり目標は、その後も兵庫県内でナンバーワンになること。そこはブレませんでした。強豪校との試合は注目度が上がるし、打ったら目立てる。どの試合でどういう活躍をしたら、プロのスカウトの目に留まるかは常々考えていました。

ここまで読むと、僕がストイックに自分を追い込んでいるように思われるかもしれませんが、全然そうではありません。

試合は好きなのでモチベーションが高かったですが、練習はきつくてしんどいし、どこか痛いと言って、逃げ出すことばかり考えていた。感情に任せて行動していたし、子どもでしたね。遊ぶことのほうが楽しい時期もあったし、おかんの存在がなかったら、途中で脱線していたかもしれない。

高3夏は県大会決勝に進みますが、報徳学園に敗れました。でも、やるだけのことはやったとすっきりしました。

秋のドラフト。ここで名前を呼ばれなかったら、僕の野球人生は終わる。結果は、近鉄からドラフト1位で指名されました。全国のアマチュア球界に素晴らしい選手がたくさんいる中で、自分がドラ1だったことにびっくりしましたが、プロの世界に入れることが何よりうれしかった。少しですが苦労をかけてきたおかんに恩返しができる。契約金8000万円は全額渡しました。もちろん税理士さんに相談して。

僕は目標を叶えられましたが、もし高校で野球をやめることになっても悔いはなかったと思います。なぜなら、自分の意思で神戸国際大付属高に進学することを決断したからです。

みなさんも進学、就職と人生の分岐点でどの方向に進むか迷うと思います。伸び伸びした環境が合う人もいれば、厳しい環境のほうが自分を追い込めると考える方もいるでしょう。何が正解かはわかりませんが、周りの意見だけでなく自分の性格を分析して判断することも大事にしてほしい。直感でもいいと思います。周りに流されて決断したら人のせいにしたくなるけれど、自分の意思で決断すれば言い訳できなくなりますから。

神戸国際大付属高2年時にセンバツに出場

2002年秋、近鉄からドラフト1位で指名される

29 自分の中にルールをつくる

みなさんは自分の中に「マイルール」があるでしょうか。「どんなに忙しくても睡眠時間は削らない」、「仕事に取りかかったらスマホをいじらない」など、なんでもいいです。

僕は感覚でプレーしている選手だと思われがちなのですが、守備、走塁では自分の中での決め事を大事にしていました。こう見えても、頭を使っているんですよ（笑）。

僕は走攻守3拍子そろった選手といわれていましたが、決してそうではありません。特に盗塁が苦手で、シーズンの最多が09年の16盗塁。他球団の一番打者と比べても少なかった。大石大二郎さんが監督のときにグリーンライトで「失敗してもいいから」と背中を押されたけれど、なかなか走れずに怒られました。ほかにもいろいろな監督に「走ってみろ」と言われたのですが、なかなかスタートを切れませんでした。

失敗して迷惑をかけてしまうことを考えて、勇気が足りなかった。

この頃のパ・リーグの他球団を見渡すと、西武は片岡治大さん、ロッテは西岡剛選手、ソフトバンクは本多雄一選手（現ソフトバンク二軍内野守備走塁コーチ）、楽天は聖澤諒選手、日本ハムは陽岱鋼選手と足の速い選手がそろっていました。

チャンスメークするうえで、俊足は大きな武器になります。僕は盗塁の数を増やすことはできませんでしたが、走塁技術を高めることに重点を置いていました。これも逃げ道かもしれへんけど、ランナーに出たら、たとえ盗塁ができなくても走塁をしっかりやろうと思っていたのです。

三塁打が10年に10本、11年に7本と2年連続でリーグトップだったのは、「マイルール」を大切にしたことが要因だったと思います。

三塁打はリスクを伴う走塁です。二塁で止まっておけばよい打球で三塁を欲張って憤死すればチャンスをつぶすことになります。一方で、三塁打にできるプレーなのに二塁で立ち止まってしまうことも、チームにとってマイナスです。三塁まで行けば、守備隊系が変わり、ワイルドピッチを含めて点が入る可能性が格段に上がる。一つの走塁が試合の分岐点になると言っても大げさではありません。

僕が三塁まで行く基準は、外野手の「姿勢」でした。

一塁と二塁の間を走っているとき、打球を処理した外野手がこちらを向いて、足を踏み出していたら二塁で止まります。もし、二塁を回る前にグラブ側の肩がこちらに向いていなかったら、三塁に迷いなく行く。コンマ何秒の判断ですが、これが僕の判断の生命線でした。もし、三塁でギリギリセーフでも自分の中に根拠があるから「大丈夫」という安心感がある。逆に二塁で止まった際に、「三塁行けたで」と言われたときもありましたが、自分の基準ではアウトになるので、揺らぐことはありませんでした。

塁に出た際は外野手の守備位置、守備範囲を確認し、ライナーだったら打球の高さ、ゴロが転がった場合はこのコースだったらどうするかなど、いろいろなシチュ

「マイルール」や「一瞬のひらめき」を大切に、走塁技術を高めた

エーションを想定しなければいけません。

走塁は「無理をしない」のが前提です。暴走でチャンスをつぶすと、試合の流れを変えてしまう。ただ、次の塁を狙う意識も大事です。

僕は一瞬のひらめきも大事にしていました。感覚的な部分なので言語化が難しいですが、「あっ、いける」というタイミングで体が同時に反応してスタートを切ったら、セーフになる可能性が高い。「いけるかな」で体が少し遅れて動くとアウトになる。一瞬でも迷ったら失敗するので、集中力を研ぎ澄まさなければいけません。

この状況判断は、試合を積み重ねることでしか磨けないと思います。練習で何度繰り返しても、試合で成功体験を重ねないと走塁技術として身につかないからです。

外野の守備でも、確認することはたくさんあります。風の向き、スコアラーからもらった情報で打者の打球の傾向、投手の球威、制球力、投手と打者の力関係、走者の状況を見て、守るポジショニングを決めます。打者の状態は試合ごとに違いますし、1球振ってファウルになるスイングを見て、少し右に寄るなど微調整するときもある。

屋外の場合は球場によって風の特徴が違いますし、スタンドの高さによっても風の流れが変わります。ゴミが飛んでいるときは流れる方向を見ています。ボールが飛んでこないと暇なのですが（笑）、いろいろ考えて守っていました。


大ケガをした打球でダイビングキャッチしたので、打球に飛び込むイメージが強いかもしれませんが、僕は「飛び込んだら捕れる打球」にしか飛びません。飛んで捕れるか捕れないか半々ならいきませんし、イチかバチかでなく、飛び込んで捕れる確証があるなら飛ぶ。もちろん捕らなければサヨナラを許すという場面などは別ですが、そうでなければ飛び込むことのリスクのほうが高い。

安打で止められるのに、二塁打、三塁打にしてしまったら、投手はガクッとくるしチームに迷惑をかける。先の塁を許さないことが大前提なので、飛び込むときも体のどこかに当たって止められるように、スライディングキャッチのほうが多かったです。

僕は無理をしないという「逆の勇気」を大事にしていました。

ファインプレーには華がありますが、大きなミスと背中合わせです。投手が打ち取った打球を必ずアウトにする。守備位置も前のほうに守って、後ろの打球を捕れれば理想的だけれど、僕は後ろの打球に背走するのが得意ではなかったので、できなかった。

自分の中で「どれを捨てるか」の勇気です。

内野と外野の間に飛んで、捕ればファインプレーという当たりは、ポテンヒットにしてしまうかもしれませんが、それは捨てます。一方、後ろに守っている分、右中間、左中間と、抜ければ長打になる打球はアウトにする。また、オリックス時代の本拠地だった京セラドームはボールが大きく跳ねるので、無理に突っ込んでバウンドが合わないと頭上を越えて二塁打になってしまう。それを安打で止めておこうと、無理をしない。

基本に忠実に丁寧に。三塁に行かれそうな打球を二塁で止めたり、二塁に行かれるより安打で止めたり、次の塁に進ませないことを心がけていました。

外野からの送球も、「無理して投げない勇気」を大切にしていました。

例えば、外野に打球が転がり、二塁走者が本塁に突っ込んでいったら、送球はカットプレーに入った内野手が捕れる高さを意識していました。

肩がメチャメチャ強い人は送球の高さを気にせず、思い切り投げて刺しにいってもいいと思いますが、僕の肩の強さは平均的なので、内野手がカットできる高さに投げることで、打者走者の二塁への進塁を防ぐことも考えます。

肩が強くなくても、素早く正確に投げれば本塁突入を防げます。理想を求めるのがベストですが、自分の守備能力と折り合いをつけなければいけません。チームを助けるために、どのような守備をするべきか。それは常に考えていました。外野手として身体能力が高くなく、ほかによい選手がたくさんいたにもかかわらず、08年から4年連続ゴールデン・グラブ賞を受賞できたのは、自分にとって大きな自信になりました。

「マイルール」をつくることで、結果に左右されないというメリットがあります。

もちろん、結果がすべての世界なので状況によっては臨機応変に動かなければいけませんが、自分の中で決め事をつくることで安心感が生まれ、その仕事に集中できる。成功するか失敗するかは勝負の世界なので、自分の力では左右できない部分がありますす。決め事は、自分でつくる基準ですから周囲の目を気にする必要はありません。「マイルール」をつくることで、自分の中の軸ができると思います。

守備では無理をしない「逆の勇気」を大事に、4年連続ゴールデン・グラブ賞を獲得

第5章

尊敬する人から学ぶ

30 先駆者になれ

みなさんは、「ファーストペンギン」という言葉を聞いたことがあるでしょうか。集団で行動するペンギンの群れの中から、魚を求めて最初に海に飛び込む1羽のペンギンのことを指す言葉です。

自分を襲う天敵がいるかもしれない海に、命を失う危険を覚悟で飛び込むのは大きな勇気がいります。でも、だれかが海に飛び込まないと食料を確保できない。米国ではリスクを恐れず初めてのことに挑戦する人を、ファーストペンギンと称賛するそうです。

僕も、道なき道を切り拓いた先駆者に対しては、強い尊敬の念を抱きます。黒人選手として初めて大リーグでプレーしたジャッキー・ロビンソンをご存じでしょうか。僕はこの選手が大好きで、ロビンソンが現役時代につけていた番号「42」をヤクルトでつけさせていただきました。

ロビンソンの人生は人種差別との戦いでした。1940年代は有色人種が差別され、黒人選手はメジャーリーグでプレーできませんでした。マイナーリーグで結果を出し、1947年にドジャースでメジャーデビューしましたが、その境遇は過酷です。

MLBのオーナー会議ではドジャースを除く15球団がメジャーでプレーすることに反対し、チーム内でもロビンソンと一緒にプレーすることを嫌がった選手がいたそうです。

でも、ここで心が折れずに紳士的な振る舞いを貫くと、1年目に盗塁王を獲得し、3年目に打率・342、37盗塁で首位打者と二度目の盗塁王に輝きます。ロビンソンの活躍で世間の見方が一変し、黒人選手が続々とメジャーの舞台で活躍するようになります。

ドジャース一筋で10年間プレーして通算1382試合出場し、打率・311、137本塁打、734打点、197盗塁をマークしました。現役引退後も人種差別の解消に向けて積極的に活動し、ロビンソンのメジャーデビュー50周年にあたる97年4月15日に、背番号「42」が全球団で永久欠番となりました。

僕はロビンソンに強いあこがれを持っていたので、オリックスを退団してヤクルトに移籍が決まった際、「42番は空いていますか?」と確認しました。球団の方は「え?」と驚いていましたね。でもこの反応は不思議なことではありません。「42」の読み方が「死に」に聞こえるため、日本では忌み数として敬遠されるからです。でも、ロビンソンは自分があこがれていた選手なので、「42」が空いていたら絶対につけたかった。

先駆者になりたいという思いはだれしも持っていると思うのです。でも出る杭は打たれるし、失敗のリスクもあるのでなかなか踏み出せず、周りに流されてしまう。僕もそうです。周りには根性があると思われますが、自分に負けてしまうときがあります。

でも、ロビンソンは違いました。理不尽な扱いを受けても、強い意思で自分の仕事を100パーセント全うして、当時の常識や固定観念を覆した。偏見や差別との戦いに飛び込む勇気がすごい。「自分は何をやっているんだ」って気持ちにさせてくれました。

ロビンソンの足元にも及ばないですが、自分も気持ちを一新して新たな環境で挑戦したい。その思いで、ヤクルトに移籍したときに背番号「42」を選ばせていただきました。

周囲から不吉と敬遠されている番号に抵抗がないのは、小さいときからおばあちゃんに「人の選ばない番号を選びなさい。福が来るから」と言われていたことも影響していると思います。

オリックスのときも09年のオフに背番号を変更することになり、「3」と「9」を選べましたが、僕は「9」を選んだ。発音が「苦」を連想させることから日本では好まれない数字とされていますが、自分のシルエットを考えたときにしっくりくる番号だなと思いました。

ちみに、「9」は中国で「永遠」などを連想させる「久」と発音が同じであることから、縁起のよい数字として好まれているそうです。日本では不吉と呼ばれる番号が、海外では喜ばれる。とらえ方次第なのかもしれませんね。

ヤクルトでは背番号「42」をつけて、7年間プレーしました。「オリックスの坂口」から「ヤクルトの坂口」になるために、チームに恩返しするために、この偉大な番号で必死に戦い続けました。僕の影響力は微々たるものですが、活躍することで「42」をつけたいと思ってくれるヤクルトの後輩が出てきてほしいなとも思っていました。

そのときに、DeNAでプレーしていたタケ（石川雄洋）が、2020年から背番号「42」に変更すると聞いて驚きました。「尊敬している坂口さんにあやかって、心機一転、巻き返したい」とコメントしてくれたそうですが、おれなんかでええんかと（笑）。でも他球団で願いをかなえてくれる選手がいると思わなかったので、幸せな気持ちになりました。

ヤクルトの後輩の話をしましたが、新しい選手がつけた瞬間にその選手の番号になるので、自分色に染めてほしいです。僕はヤクルトの7年間で背負った番号に誇りを持っているので十分です。23年からドラフト3位で入団した澤井廉選手が「42」をつけたことは報道で知りました。プロの舞台で自分らしく頑張ってほしいです。陰ながら応援させていただきます。

ヤクルトでは背番号42をつけて7年間プレーした

31 仕事に向き合う高いプロ意識を持つ

プロ野球の世界は、ストイックな選手たちの集まりです。球界を代表する選手たちはもちろん才能にも恵まれていますが、想像を絶するほど自分たちを追い込んでいる。僕も20年間の現役生活で多くの選手から刺激を受けました。全員を紹介するとページが膨大な量になってしまうので、特に印象的だった選手について綴らせていただきます。

ヤクルト時代に5年間一緒にプレーした青木宣親さんは、1本の安打に執念の凄みを感じさせる先輩です。1試合トータル、数試合で考えるのではなく、目の前の1打席でHランプを灯す執念がすごかった。

練習では一心不乱にマシン打撃で打ち込んでいる姿を見てきましたし、試合が始まったらすべての打席で集中力を極限まで高めていました。打つためにどうすればいいかを常に考える。あの執着心は尊敬できるけれど真似できない。

青木さんはシーズン200安打を二度マークし、22年シーズンまでに日米通算2648安打をマークしていますが、次元が違います。僕は通算1526安打ですが、その差は計り知れないほど大きい。内川さんとプレーさせていただいたときも同じことを感じましたが、打撃のレベルが違いました。

1500安打と2000安打の差は大きい。1500安打は達成できましたが、2000安打は「いけるな」というレベルではない。つらくなるぐらいの差です。「坂口はケガをしなければ2000安打に届いていたかも」とお言葉をいただくこともありますが、そうではないかなと。打撃技術はもちろん、1本にかける執念がまったく違う。でもその差を知ることができてよかった。トライしなければわからないことですから。(山田)哲人、ムネ(村上宗隆)や、ほかの若手の選手たちは、青木さんの野球に取り組むストイックな姿勢をずっと見ている。ヤクルトのよき伝統としてこれからも引き継がれていくと思います。

オリックスで3年間一緒にプレーした糸井嘉男さんも、強烈にインパクトに残る選手でした。日本ハムでプレーしていたときからあこがれの存在でしたが、一緒にプレーすることでそのすごさをあらためて認識させられました。

今でこそ大谷翔平選手（エンゼルス）、柳田悠岐選手（ソフトバンク）の身体能力が規格外といわれていますが、元祖・化け物は糸井さんです。強肩で、打球速度が速いし、足も速い。塁間も3歩ぐらい、ほかの人より少なく走り抜けているんじゃないかと思うほど、ストライドが広かった。

糸井さんは発言や行動で「天然キャラ」のイメージが強いと思います。

身体能力の高さがフォーカスされがちですが、僕は「クレバーな努力家のイメージ」が強いです。

春季キャンプ中は打撃練習にずっと打ち込むなど練習熱心で、試合開始5分前にバットを握ってイメージトレーニングをしている姿も印象的でした。守備での打球判断、走塁技術、打撃も常に考えている。野球の話はあまりしないですが、賢いことを隠していますね（笑）。

阪神にFA移籍されて、ヤクルト戦で会うときは楽しみでした。僕がファーストを守っていたときは、一塁の塁上で「また肩幅広くなったな」って話しかけられたり（笑）。僕と同じタイミングで現役引退したことも、運命を感じました。ヤクルトと阪神の対戦で、いつか一緒に解説をしてみたいです。

僕の野球の軸をつくるうえで大きな影響を受けたのが、田口壮さん（現オリックス外野守備走塁コーチ）です。一緒にプレーしたのはオリックスでの2年間でしたが、メジャーで活躍されているときから「一緒に練習させてください」とお願いして自主トレに参加していました。

田口さんはオリックスで主力選手として活躍し、カージナルスでも与えられた役割で仕事を全うして、大事な試合で輝いていました。

04年にはワールドシリーズに出場するなど、メジャーで8年間プレーしています。プレーの一挙手一投足がお手本でした。打球に対する反応が速く、すべての動きが精密機械のように正確。「守備は芸術だ」とおっしゃっていて、動きの中にうまく遊びを取り入れていました。肩が強いし華やかなプレーに目を奪われますが、走攻守で基本を大事にするプレースタイルで、学ぶことがたくさんありました。

田口さんと一緒に練習や試合でプレーできたことが、自分のスタイルの原点になりましたし、今後指導者として野球に携わることになったときにも、大きな財産になると思います。

僕の引退セレモニーで花束を持って登場してくれた近藤一樹さんは、プロ意識の高い勝負師でした。近鉄、オリックスで一緒にプレーして、僕が16年からヤクルトでプレーすることになったら、その年のシーズン途中にトレードでヤクルトに移籍してきました。おれのこと、どんだけ好きなんやろって（笑）。

でも移籍してきたときはうれしかったですね。近藤さんは1学年上で、近鉄の寮で一緒に飯を食べていた頃からの絆で結ばれています。もう20年近い付き合いになるけれど、全然変わらない。

普段はすごく優しくてニコニコしていて、でもマウンド上では打者に向かっていく闘志が前面に出る。〝昔の〟野球選手でしたね。「この一球に野球人生を懸けている」という思いが伝わってくる、感情を露わにする姿が人間味あふれていて好きでした。

近藤さんはイライラすると、マウンドの周りを歩き始める。よく、「落ち着きや」

と声をかけました。優しい顔をしていますが、人の声が耳に届かない（笑）。負けん気が強いです。

ヤクルトに移籍しても変わらない。先発から中継ぎに転向して、もっともっと闘志が出るようになって、ピンチを背負っても一歩も引かずに投げ込む姿が頼もしかった。試合の行方を左右する場面で流れを引き寄せるにはもってこいの投手で、中継ぎに向いていると思いました。

近藤さんには引退発表前に連絡しました。完全に引退すると決めた段階ではなかったけれど、付き合いが長いから僕の気持ちに薄々気づいていたと思う。引退セレモニーで登場したときは聞かされていなかったので、びっくりしました。登場したときはうれしいより、「どんな気持ちで引き受けてくれたんかな」、「なんか申し訳ないな」と思ってしまいました。でも、あの優しいままの笑顔で花束を渡してくれた。大切な戦友ですね。

この4人の方以外にも影響を受けた選手は数え切れません。仕事に向き合うスタンスは人それぞれですが、結果を残している人たちは必ず努力をしている。それを見えるところでやっているか、見えないところでやっているかだけの違いだと思います。

みなさんの周りにもそれぞれの分野で「プロ意識が高い人」がいると思います。真似ができない部分もあるかもしれませんが、同じ空間に身を置いてその仕事ぶりを観察するだけでも、自分の成長の糧になるのではないでしょうか。

Swallows
42

42
日立ソリュ
ョンズ

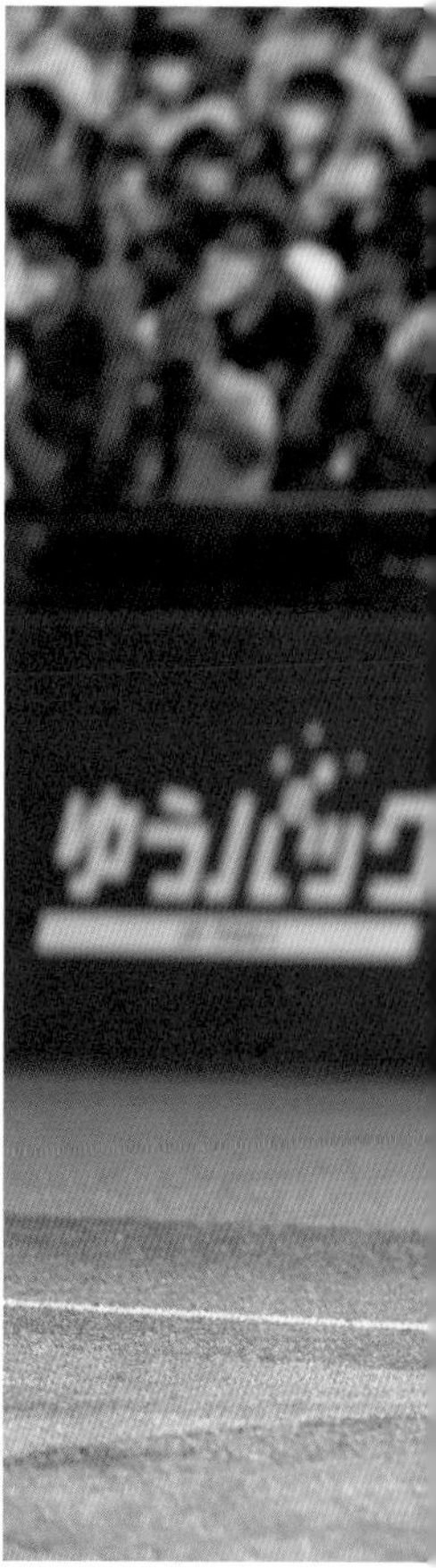

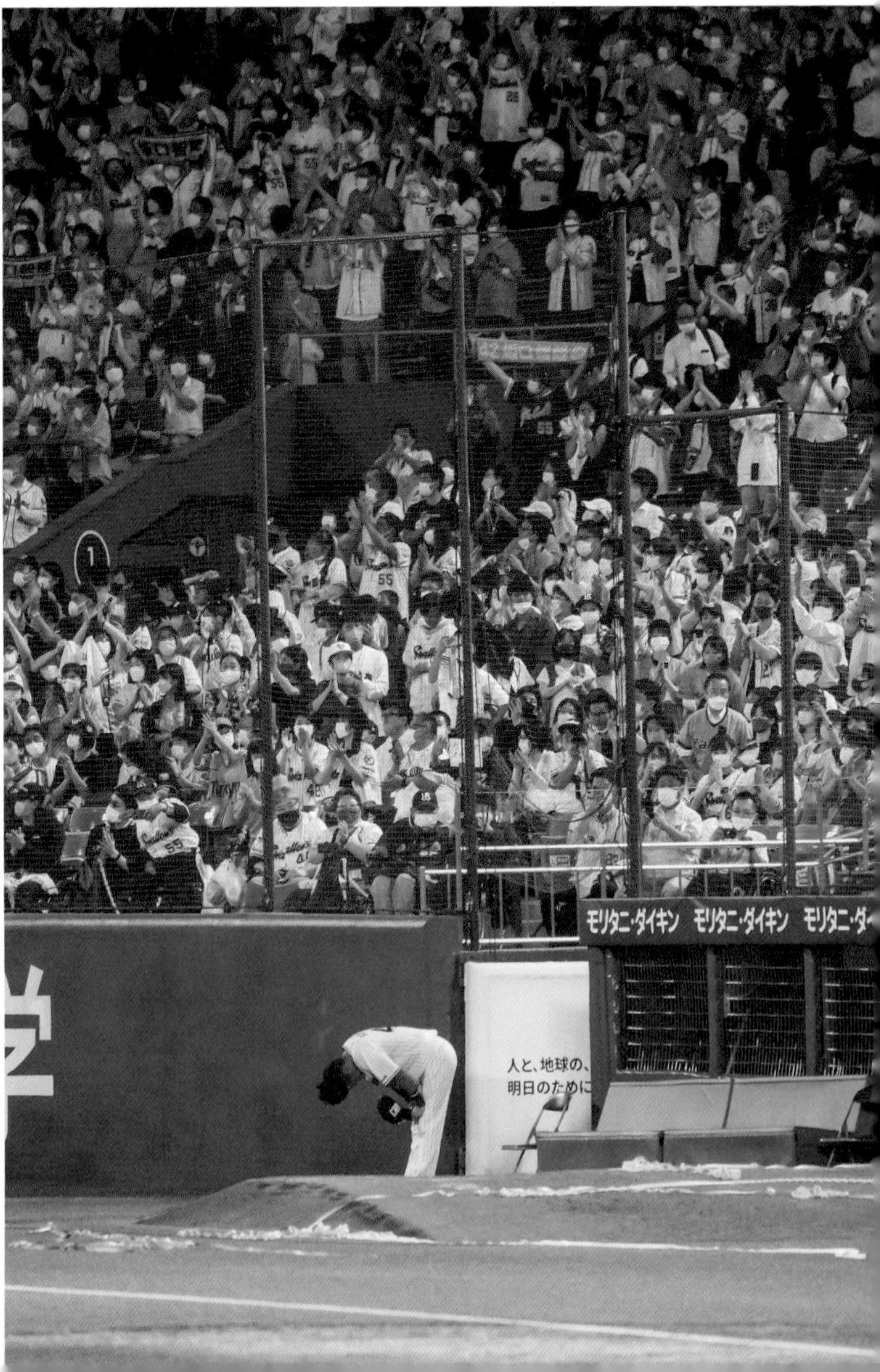

モリタニ・ダイキン　モリタニ・ダイキン　モリタニ・ダ
人と、地球の、
明日のために

32 叱ってくれる人を大切にする

現在の僕があるのは、神戸国際大付属高の監督・青木尚龍先生のおかげだと思っています。学生時代を振り返ると、本当に幼かったと思います。

僕のことを「穏やかな性格だよね」と言ってくれる方が多いですが、当時のわがままな僕を見たら信じられないと思います。感情に任せて怒ったり、ふてくされたりしていたし、人のせいにばかりしていました。そんな自分を本気で怒ってくれたのが、おかんと青木先生でした。

高校の進路で報徳学園、育英など野球強豪校に行くことも考えましたが、自分の性格を考えると、これから強くなる学校、早い段階でレギュラーを獲れるチャンスがある環境のほうが能力を伸ばせるのではないかと考えました。

そこで神戸国際大付属高に熱心に誘ってくれたのが青木先生でした。僕は入学してすぐにベンチ入りしましたが、これは野球の実力を買われたというより、野球以外の素行が悪かったので、自覚を持たせるためにメンバー入りさせようという、青木先生の考えだったと思います。

実際、あのときの自分は子どもでした。1年の秋からはエースナンバーをつけさせてもらいましたが、負けん気の強さが間違った方向で爆発するときがありました。味方のエラーに腹を立てて、審判の判定にも納得いかず文句を言う。とんでもない高校生ですよね。

でも、試合が終われば忘れてしまう。エラーした仲間と、その後に遊びに行ったりして、ひとことで言えば気分屋でした。

高校生になると、部活をしないで遊んでいる友だちがうらやましく感じるときもあります。猛暑の中、過酷な練習で「なんでこんなこと、やってるんやろ」と遊びたくなってしまう。

自分の中に甘えがあるのに、その現実に向き合おうとしていない。そのたびに真剣に怒ってくれたのが青木先生でした。

味方のエラーで不満や怒りを態度に出したとき、審判に文句を言ったとき、ほかの選手たちの前でカミナリを落とされる。そこでは終わらず、帰る前にもう一度呼ばれて、「おまえは何が悪いかわかっとるんか?」、「何を理解したのか言ってみろ」と言われる。

当時は「嫌やな」とか、「面倒やな」と思っていたけど、自分が青木先生の年齢に近づいた今になると、そのありがたさがわかります。生徒を本気で怒ったり、注意したりすることにはエネルギーが必要です。青木先生は野球がうまい部員を特別扱いすることなく、みんな平等に接して本気でかかわってくれた。親父みたいな存在です。

青木先生がいなかったら、道を踏み外していた可能性があったと思います。たくさん怒らせてしまい、迷惑をかけてしまいましたが、野球だけでなく人間教育の部分で土台をつくっていただきました。

自分の振る舞いを見つめ直すことにより、他人のせいにしていた行動を恥ずかしいと思うようになって、「こんなことばっかりやっていたら、かっこ悪いな」と気づけたのも、青木先生のおかげでした。

ヤクルトで現役引退を決断して電話で連絡させていただいたとき、「まだできるやろ、走れるからできるやろ」と言ってもらって、その言葉がすごくうれしかったのですが、僕は何も言えなかった。

青木先生も察してくれたんでしょうね。「もう動かんかぁ……」と。自分の人生を振り返ったときに、一番大きな出会いだと思っていますし、これからも恩師であることは変わりません。自分を磨いて青木先生のような指導者、人間に少しでも近づけるようになりたいです。

中学や高校の多感な時期に先生にガミガミ言われて、ふてくされた態度をとる人の気持ちは僕も理解できます。入社してキャリアが浅い時期に、先輩や上司に叱られて素直に受け入れられないこともあるかもしれません。

ただ、先生や上司、先輩は、相手が憎くて怒っているわけではないはずです。「正しい方向に導きたい」、「一人の人間として立派になってほしい」という思いを込めて、伝えているのだと思います。

このときに心をシャットアウトして聞き流すのか、アドバイスに耳を傾けて参考にするのかで、スキルアップの速度が、仕事の能率がまったく違ってくると思います。理不尽なことで何度も怒鳴られたり、ストレスになるような言葉の暴力を受けたりした場合は、受け入れずに周りに助けを求めるなど対処法を考える必要がありますが、そうでなければ、叱られたり怒られたりすることはだれもが通る道です。

問題はそのときに自分の非を認め、過ちを正せるか。僕がそうだったように、意識次第で人間は変われると思います。

33 だれからも慕われる人間性を磨く

みなさんはどんな人間に魅力を感じるでしょうか。僕は言葉より、雰囲気を大事にしていて、背中を向けていても、ついていきたくなる人に惹かれます。「この人は何があっても裏切りたくない」と思える人は、ほかの人にも慕われるし、みんなのよき手本として行動で示してくれる。

僕の中で「男の中の男」が、西武の栗山巧さんです。栗山さんとの出会いは、今から26年前。中1のときに「神戸ドラゴンズ」に入ったときのことでした。

小学生までは自分が一番であることを疑わなかったのですが、1学年上の栗山さんを見て衝撃を受けました。鋭いスイングで打球がメチャメチャ速い。飛距離もケタ違いでした。「こんなすげぇ中学生がいるんだ……」と、あ然としました。

高校、プロに入っても衝撃を受けた人はいましたが、栗山さんを見たときを超える衝撃はない。大げさでなく、当時の僕にはプロ野球選手に見えたのです。1学年上だからではなく、この実力の差は一生埋まらないと思いました。

栗山さんは育英高校から西武に入団しましたが、西武とオリックスの対戦で同じグラウンドに立てたときは本当にうれしかった。

僕と栗山さんだけ開幕から無安打が続いていたシーズンがあったのですが、栗山さんが打った次の日に僕が打って、そのときも負けました（笑）。プロ入り後に通算2000安打を達成したことに、何も驚きはありません。すごい人ですから。僕の見る目がありましたね。栗山さんには安打数もプロ在籍年数でもきっちり負けている。人は勝てないと思ったときに、負けが確定しているのです（笑）。


栗山さんが魅力的だったのは、野球の実力だけではありませんでした。飛び抜けた実力であるにもかかわらず、偉ぶることなく物腰が柔らかい。

試合に出る人にも、出られない人にも同じように接するから、栗山さんの周りには自然と人の輪ができる。僕に対しても優しく接してくださり、後輩たちに尊敬されていました。

子どもには、スポーツができる、できない、勉強ができる、できないで上下関係ができて、優秀な人たちで固まるようなところがあります。成長するとともに、自分の未熟な部分に気づいていくものだと思うのですが、栗山さんはそういう部分が一切なかった。当時から、だれに対してもフラットで人間として成熟していました。うちのおかんも栗山さんが大好き。あと、当時からかっこよかった（笑）。プロ入り後も気にかけていただいて、僕が1000安打、1500安打を達成したときなど節目のときに、花を必ず贈ってくれました。「覚えてくれている」と思えて、ありがたかった。

僕はひと足先に引退しましたが、栗山さんにはケガに気をつけて、1年でも長く現役を続けてほしいです。

ヤクルトの石川雅規さんも、だれからも愛される人格者です。ともにファームにいる時期に、「おじさんずで頑張ろう」と声をかけられ、勇気をもらいました。人に対して優しくて、気配りの人。ああいう年の重ね方をしたいと思わせてくれる先輩です。石川さんを嫌いとか、苦手とかいう人を聞いたことがない。嫌われないようにしているのではなく、いつでも自然体で包容力がある。

ベテランになっても常に進化しようとしているし、新しいトレーニングなど後輩たちから食い入るように話を聞いています。飽くなき向上心と創意工夫を続けているから、毎年大きな故障がなく、きっちりコンディションをつくって投げ続けられるのでしょうね。投打の最年長である石川さん、青木さんが人間として素晴らしいので、組織がよい空気になる。一緒にプレーさせていただいて、ベテランがチームに与える影響力を強く実感しました。


普段は穏やかな石川さんですが、闘争心がすごい。近藤さんもそうですが、内に秘めているタイプで、うまくいかないとマウンド上でイライラ、カリカリしている（笑）。でも、その勝利に対する情熱がすごく魅力的です。多彩な変化球を駆使する技巧派のイメージが強いかもしれませんが、僕の中ではだれよりも真っ向勝負が似合う本格派投手。内角をガンガンつくし、ピンチでも臆せず大胆な投球を見せます。

身長167センチとプロ野球選手では小柄なほうですが、外野から見ると背番号「19」の背中がすごく大きく見える。まさに、小さな巨人です。

石川さんが先発登板する日に、なかなか打線が援護できないときがありました。野手陣は「石川さんのときになんとか1勝しよう」、「打ててないからどうにかしよう」とみんなで話しているのですが、得点できない。

相手のあるスポーツなので簡単に点が入らないのはわかっていますが、歯がゆかったですね。点が入ってもその後に積み重ねられなくて、本当に申し訳なかったです。みんな、その人間性を尊敬するあまり、「石川さんのために」と思いすぎたのかな。

現役生活をもっと長くやったほうがいいということでしょう（笑）。22年シーズンを終えて残り17勝にせまった通算200勝は通過点です。あと10年はできる。52歳までやってほしいですね。

栗山さん、石川さんもそうですが、超一流と呼ばれる方たちからは、人間としての魅力を強く感じます。その人が積み重ねたモノでしか発しないオーラなんでしょうね。つくり上げて身にまとうものだと思います。

一緒にいる人が醸し出す「空気感」はものすごく大事だと思います。心地いいと感じる人は、多くの会話を交わさなくても一緒にいて楽だなぁと感じるのではないでしょうか。相性はあると思いますが、自然と周りに人が集まってくる人には理由があります。その内面を知って参考にすることで、円滑な人間関係をつくるヒントが得られるかもしれません。

34 年下から学ぶ

年上の先輩たちだけでなく、年下の選手たちからも多くのことを学びました。「ついていきたくなる人」は先輩だけに限りません。本人には言いませんけど（笑）、同級生のゴンゾー（横山徹也）も人間的な魅力があるから長い付き合いになっているわけだし、ＤｅＮＡでプレーしていたタケ（石川雄洋）もそうです。

タケと出会ったのは15年ぐらい前。近鉄の同期入団で、オリックスでも一緒にプレーした仲よしの大西（宏明）さんが、横浜（ＤｅＮＡ）にトレードになり、食事の席にタケを連れてきたのが最初です。以来、遠征先で一緒になったときにご飯を食べる機会が増えました。

タケは僕と似ていて、人間関係が「深く狭く」で、仲のよい人を大切にしている。

プレースタイルも近いなと感じていました。僕は身長181センチで、タケは身長183センチ。同じようなシルエットで、右投げ左打ちも共通しています。一番を打つことの多いチャンスメーカーで、2人ともセンスより根性で勝負するタイプでした（笑）。決して器用なタイプではないと思います。でも一つのプレーでミスしても、心が折れずに向かっていく。ユニフォームを真っ黒にした泥臭い姿が、逆に美しく見えました。

ＤｅＮＡの初代主将を務めたのも、彼の人柄だと思います。チームのために犠牲になれる人間で、体を張れる。あと、僕との共通点は外見で誤解されていること（笑）。見た目からチャラチャラしていると思われがちだけど、タケと付き合った人間は、真面目な人柄と優しさに気づきます。ケガをしても、結果が出なくても言い訳しないし、黙々と自分の役割を全うする。口数が多いわけではないけれど、背中で引っ張る職人気質の人間だと思います。

20年限りでＤｅＮＡを退団し、アメフトに挑戦すると聞いたときは驚きました。ＮＰＢでは史上初の挑戦でしたが、タケらしいと感じました。好きなスポーツだったんでしょうけど、野球の世界でプロフェッショナルだった選手が、別のスポーツでゼロから飛び込んでやる勇気がすごい。僕もいつまでもチャレンジできる自分でいたいですが、なかなかできない決断です。ジャッキー・ロビンソンの話をしましたが、タケのその挑戦も称賛に値します。

アメフトで2シーズンをプレーして、タケは23年1月に引退を表明しました。これからも、僕はタケの決断を応援するし、背中を押す人間になりたい。生き様を含めて尊敬できる後輩です。

オリックスで一緒にプレーした選手も少なくなりました。野手でいえば、T－岡田と安達了一、宗佑磨、若月健矢、小田裕也、西野真弘と、当時若かった数人ぐらいでしょうか。

Tとは付き合いが本当に長いです。学年は僕が3つ上ですが、Tは僕のことを先輩ではなく、友だちだと間違いなく思っている（笑）。オリックスのときは急に連絡が来て、「ご飯に行こうや」、「釣りに行こうや」って。弟みたいな感じですね。

Tに対するイメージは、彼が若手のときから止まっています。だから、記事でコメントを見ると「大人になったなぁ」と感心させられる（笑）。チームリーダーとしての自覚が備わり、自分のことよりチームのことを思った発言が増えているのを読むと、いろいろ考えているんだなと感じます。

オリックスはリーグ連覇を飾り、22年は26年ぶりの日本一に輝きました。Tは個人的になかなかうまくいかないシーズンだったかもしれないですが、ベテランの立ち位置になり責任感もある。立ち振る舞いを見聞きすると、立派だなと感じます。

僕が引退するときも「やめるの？」って連絡がきて、寂しそうだったけれど、優しい空気感でした。やっぱり僕にとっては、いつまでたってもかわいい弟なのです。図体はでかいですが心が優しくて、自分が目立つより周りの選手が活躍するほうを喜ぶ。人間的に最高の奴。野球に対する情熱が伝わってくる。まだまだレギュラーとして踏ん張れるし、1年でも長く現役でプレーしてほしいです。

ヤクルトで現役引退を決断するまでの2年間は、ファームで過ごす時期が長かったですが、自分より一回り以上若い選手たちの存在は大きな励みになりました。一軍で活躍したいというハングリー精神がすごく伝わってきたし、僕にも助言を求めてくる。全然たいした選手じゃないけど、自分の持っている知識の範囲で答えて、何か彼らの力になればいいなと思うようになりました。

そのためには聞いてもらえるような存在にならないといけない。中途半端にダラダラした姿勢を見せたら、言葉に説得力がなくなります。行動で示そうと思ったし、彼らのおかげで高いモチベーションで試合、練習に取り組めました。

一軍になかなか上がれず、チームに迷惑をかけたことは申し訳なかったですが、ファームで過ごした期間も野球人生で貴重な時間になりました。


残念だったのは、コロナ禍だったのでやはり一緒に食事に行く機会が少なかったことです。

僕はどの選手ということではなく、みんなと食事の席で話したかったのです。もちろん、ご飯を食べる気分ではなかったら断られてもいいですし、僕に直接ではなく、違う後輩に伝えて間接的に断られても全然気にしません。いろいろ事情がありますし、逆の立場なら断りづらいだろうなぁと考えますから。

ただ、ご飯の約束をしてもコロナ禍で実現しないこともありました。まだ完全には収束していないのでもう少し先になるかもしれませんが、若手の選手たちと一緒に食事に行きたいですね。年齢とか実績とか関係なく、若い選手のほうが詳しい最新知識もありますし、コミュニケーションを深めることで新たな発見がある。

最近の流行の話題になったら、ちょっとついていけないかもしれませんが（笑）、彼らから野球について聞かれるのはありがたいことですし、僕もいろいろ聞いて学びたいと思います。

35 プロ野球界の恩師に学ぶ

高校時代はエースを務めていたものの、プロの世界では通用しないことはわかっていました。外野手でスタートすることになりましたが、高校時代まで伸びていた鼻っ柱が、すぐにへし折られました。

プロ野球はアマチュア球界の実力者たちが集まる世界です。僕は、近鉄にドラフト1位で指名されましたが、同期入団の選手の中でも力の差を感じていました。大卒、社会人出身の選手たちはワンランク、レベルが上の世界でやっていたので仕方ないかもしれませんが、同じ高卒でもドラフト3位で入団した筧裕次郎を見て「すごいな」と。明徳義塾で全国制覇した中心選手だったので高校時代から有名でしたが、1年目の紅白戦でバットの芯にきっちり当てていました。

高校とプロ野球の投手とでは、直球の球威も、変化球のキレも、まったく次元が違います。僕はバットに当てることさえできなかった。正直、このままでは2、3年でクビになると思いました。「期待に胸をふくらませて」、ではなく「不安でいっぱいのスタート」だったのです。

そのときに出会ったのが、二軍打撃コーチを務めていた鈴木貴久さんです。貴久さんの考え方はシンプルでした。プロに入る選手たちはそれだけの才能があるのだから、長所を伸ばせばいい。だから、自分の打ちたいかたちで打てと。もちろん、技術的な修正はありましたが、大きく変えることはありませんでした。

口酸っぱく言われたのは、次の言葉です。

「空振りしてもいい」
「ファーストストライクを見逃すな」

バッターは空振りすることが一番嫌です。長距離打者ならともかく、塁に出ることが求められる役割の僕が、空振りをしてもいいというのは驚きでした。

実際に、ファームでなかなか安打が出ずに、結果を求めて当てにいくようなスイングをしたときは怒られました。

ファーストストライクの重要性は、20年経った現在でも変わりません。ファームで1年目に打率・302をマークし、シーズン終盤に一軍に昇格してプロ初安打を放ちましたが、貴久さんに出会わなければ打撃の方向性が見つからなかったと思います。

二軍にいるときは、朝早くからマンツーマンで練習についてくれて、夜間練習にも付き合っていただいた。打撃練習のときは糸が張り詰めるような真剣な空気が流れていましたが、人間的にはすごく温かい人でした。

高卒1、2年目の若造の僕と同じ目線でコミュニケーションをとってくれて、ユーモアがあった。近鉄を象徴するような豪快な方でした。

貴久さんとの別れは、突然でした。僕がプロ2年目の04年5月17日。貴久さんは、40歳の若さで急逝しました。そのときはショックが大きすぎて何も考えられなかった。指導者という枠を超えて、人間として大好きな人だったので、目の前で起きた信じられない現実をなかなか受け入れられませんでした。

貴久さんに巡り会わなければ、自分の打撃の軸はできなかったし、2、3年でプロ野球の世界から消えていても不思議ではなかった。もっとたくさんいろいろなことを教えてもらいたかったですが、1年でも長く活躍することが恩返しになると思ってプレーしてきました。

貴久さんから教えられたことが、僕の打撃の原点です。現役は引退しましたが、指導する機会が今後あったときに、近鉄で学んだ教えを、次の世代に継承していきたいと思います。

プロ2年目の春季キャンプで

36 働くすべての人たちを尊敬する

僕はプロ野球選手という仕事柄、注目される機会が多いですが、特別な仕事をしているという感覚はありません。どの職業でも真剣に仕事に打ち込んでいる方はプロフェッショナルだと思いますし、尊敬します。

いろいろな分野で、職人の仕事ぶりを伝えるドキュメンタリー番組が放送されていると見入ってしまいます。

このような考えに至ったのは、環境の影響が大きいと思います。「神戸ドラゴンズ」、神戸国際大付属高で指導者の方々に、「野球ができるのは親のおかげ」、「グラウンド整備してくれる人たちに感謝しなさい」と毎日のように言われてきました。

青木先生にも「おまえ一人で野球やってるんじゃねぇ」と何度も怒られました。

試合に出られない部員たちが、僕たちのサポートに回って練習を手伝ってくれたり、会場設営のスタッフの方は、試合を開催するために準備をしてくれたりする。もちろん、親のサポートがなければ高校に進学もできません。

高校時代に天狗《てんぐ》だった自分ですが「人間は一人では何もできない」ことに気づくのは早かったと思います。プロに入っても、打撃投手やブルペン捕手、スコアラー、スカウトやチームスタッフ、球団職員の方々など、チームはたくさんの人によって支えられています。トレーナーもそうです。ケガだらけの僕はトレーナーの方々の存在がなければ、短命の野球人生に終わっていました。

さまざまな仕事に興味を抱くと、すごいなと感じる部分を見つけようと思わなくても、自然に見つけられます。不動産業に従事している友だちがいるのですが、話を聞くたびに「自分では無理やな」と仕事内容の難しさ、大変さを実感させられる。むしろ、「野球選手でよかった」と思いたいから、ほかの仕事に興味津々なのかもしれません。

僕は球場を盛り上げるマスコットとも仲よしでした。

つばみちゃんとの恋物語は、みなさんの間でも話題になりましたね。気づいたらそばにいてくれました。僕も人柄、いや鳥柄に惹かれました（笑）。つば九郎もそうですが、オリックスから来た僕を快く受け入れてくれて、ずっと絡んでくれたのがありがたかった。二人、いや二羽のおかげで、有名にしてもらった部分もありますし、いろいろ助けてもらいました。

YouTube動画でも配信されましたが、現役引退を発表後に、つばみちゃんから手紙をもらったときは感動しました。マスコットにあそこまで愛してもらうことは、なかなかないですから。引退して会う機会が少なくなってしまったのは寂しいけれど、ヤクルトファンと一緒にスタンドから見守っています（笑）。

なぜかわかりませんが、マスコットに愛されました。オリックスのときはリプシー、バファローベルと仲よしで、ファン感謝デーでもたくさん絡ませていただきました。マスコットも球場を盛り上げる意味で不可欠な存在です。選手とともに戦い、後押ししてくれる。つば九郎は2022年8月5日に主催2000試合出場を達成しました。リスペクトの一言ですね。

尊敬の対象は、外で仕事をしている人たちに限りません。家族のために食事、洗濯、掃除など毎日忙しいお母さんや、勉強に部活に一生懸命打ち込んでいる学生のみなさんも、立派なプロフェッショナルです。

「自分のしていることは、たいしたことない」と謙虚な方がいますが、人の支えになっている時点で立派ですし、オンリーワンの存在です。自分のしている仕事、役割に誇りを持っている人は、魅力的だと思います。

引退試合の日。つばみちゃんと

第6章

チャレンジの重要性

37 年齢に関係なく成長できる

オリックスを退団し、ヤクルトに移籍したときが31歳でした。オリックスで最後の年は36試合出場にとどまるなど、レギュラーを失ったあとは納得いく成績が残せていないシーズンが続いていました。

自分の人生を見つめ直して、新しい環境でもう一度やり直すことを決断したとき、救いの手を差し伸べてくれたのがヤクルトでした。でも、外野のレギュラーが保証されていたわけではありません。何年も続けて活躍して「ヤクルトの坂口」として認められるためには、進化する必要があると感じていました。

そこで変えたのが打撃のスタイルでした。オリックスのときは、仕掛けが早い打者だったと思います。2ストライクと追い込まれたら粘りますが、それよりも早いカウントで仕掛けて積極的に打ちにいったほうが出塁できるという考え方でした。

ただ、ヤクルトに移籍してチームへの貢献度を考えたときに、そのままでいいのか。好球必打でファーストストライクを打つという自分の原点は変わりませんが、2ストライクと追い込まれてもファウルでカットできる技術に磨きをかければ、相手投手に球数を投げさせることができるし、出塁率も上げられる。

お手本となったのが、川端慎吾選手です。慎吾は首位打者を獲得した経験もある巧打者で、ミート能力に長けてバットにボールを当てる技術がすごい。2ストライクと追い込まれても際どい球をファウルでカットして、四球や安打で出塁する。球数を費やされた相手バッテリーはダメージが大きいし、チームを助けられます。

僕はオリックスのときには、ファウルで粘るのが得意でないし、あまり好きではありませんでした。けれど、ヤクルトで求められている役割を考えたときに、粘ることにフォーカスしなければいけないと考えました。

微調整したのは、タイミングのとり方です。以前はカットした打球が三塁側のファウルゾーンに飛ぶのが常でした。ただ、タイミングをとるのが遅れると、速い球を三塁側にカットするのは難しい。

そこで、2ストライクと追い込まれたら、以前より早めの始動でタイミングをとって、直球は三塁側、変化球は泳ぐかたちで一塁側にカットするようになりました。一般的に打撃は「泳ぐな」といわれますが、カットするファウルゾーンを広げたことで追い込まれても粘れるようになったのです。

もちろん、三振するときもありますが、一塁側にファウルを打つ技術を身につけたことで、打席に心理的な余裕が生まれるようになりました。

早めにタイミングをとって、変化球は一塁側にファウルで逃げる技術は、川端慎吾先生もやっているので間違いないです（笑）。

すぐに習得できる打ち方ではないですが、徐々にコツをつかむようになると、カットするだけでなく、あるポイントに入ったら安打も打てるようになった。

ヤクルトに移籍3年目の18年に打率・317をマークし、出塁率は・406とプロ野球人生で初めて4割を超えました。この年は一塁にコンバートされたので、「打たないと使ってもらえない」という危機感があったのですが、ファウルで粘る技術をつかんだことも大きな要因だったと思います。

人間は年齢に関係なく成長できるんやと実感しました。もしも、「オリックスの全盛期のときの活躍を取り戻そう」という考えだったら、ヤクルトで結果を残せなかったでしょう。

過去の自分に戻るのではなく、ヤクルトの坂口で輝くために新たな取り組みにチャレンジしたことで、チャンスをつかめたと思います。

僕は一流と呼ばれる成績を残せませんでしたが、プロ野球の世界で長い期間にわたって活躍している方は、現状に満足することなく、常に進化しようといろいろなことにチャレンジしています。ヤクルトでお世話になった石川さん、青木さんはその代表的な選手で年齢は関係ありません。二人とも40歳を超えていますが、現在も進化し続けています。

年齢を理由に、自分の限界に線を引いてしまうのはもったいないと思います。高齢者でもデジタル機器に興味を持って使いこなしている方がいますし、定年退職後に新たな仕事やボランティア活動に精力的に取り組むエネルギッシュな方もいます。

「今からスポーツを始めるのは遅いかも」、「大学に行きたいけど、この年では無理かも」と不安を感じてしまう人がいるかもしれませんが、まず一歩踏み出してみるといいと思います。

38 限界を超えることで得られるモノがある

だれしもしんどい作業はしたくないと思います。僕もストイックな性格ではなく、強靭なメンタルを持っているわけではないので、逆境が好きではありません。ただ、プロ野球選手として自分の居場所をつかむためには、厳しい練習を乗り切らなければいけなかった。

僕が若いときはスパルタ指導が日常的にありましたが、今は許されない時代です。過酷な練習に関しても賛否両論があり、美化するつもりは決してありません。でも、若手のときに、近鉄やオリックス時代の厳しい練習をしなければ、今の自分がなかったことも事実です。

近鉄では、「ケガをしないように」という意識もありませんでした。

僕は回復が早いタイプで、ケガをしても、「寝たら治るやろ」、「湿布貼ったら治るやろ」と深刻に考えなかった。試合に出たらアドレナリンが出るので痛みを感じなかったし、治療に行く時間がもったいなく感じて、病院、治療院にも行きませんでした。

時代錯誤ですし、今の若い選手にはすすめませんが（笑）、当時の近鉄ではその意識が普通でした。先輩たちも「あばらが折れても、さらし巻けば試合に出れるで」と言っていましたから。

結果を出すことしか考えていないので、ケガをした箇所が気にならない。

例えば、歯は、痛いなと感じたらめっちゃ痛くなるじゃないですか。でも意識しなければ大丈夫みたいな。いや、この例えはおかしいですね。なかったことにしてください（笑）。

高校時代の練習もきつかったですが、プロの練習は体にかかる負荷が違う。内容の濃いメニューが多く、考えることも多いので、体と頭がヘトヘトになる。

朝から夜まで打撃練習。素振りでバットを振り続けると、マメができるのは当たり前で、打ちすぎて手がパーに広げられない。バットを握るかたちのまま、指が動かなくなった選手もいました。

オリックスで一緒に切磋琢磨した赤田将吾さん（現西武一軍外野守備・走塁コーチ）も、その一人です。「やばい！　やばい！」と手を広げられないまま宿舎に戻ってきて、でも、部屋に入ってビールを開けていました。思わず「ビールかい！」と突っ込みましたが、「だって、のどかわいたもん」って（笑）。

メチャメチャきつかったし、もう一度できるかと言ったら無理ですが、つらいという思い出ではないんですよね。毎日ボロボロになるけれど、教えてくれるコーチの前では、その姿を絶対に見せない。「まだ余裕ですよ」と涼しい表情を浮かべていました。本当は心が折れる寸前でしたが。

一人でやっていたら無理でした。赤田さんや大引啓次、T－岡田、金子圭輔ら仲間がいたから、歯を食いしばって乗り越えられた。当時は「根性対決」と呼んでいましたが、この練習で身についたのは技術、体の強さだけではありません。精神的に強くなったことで、自信が芽生えた。

限界を突破しなければ得られない感覚だったと思います。

ドクターストップがかかるのが嫌だったので、ケガをしても病院には極力行きませんでした。「痛い、痛くない」が大事なのではなく、「試合に出られるか、出られないか」が大事でした。

オリックスでレギュラーを獲ってからも頻繁に治療院に行くことはなかったですが、12年に右肩肩鎖《けんさ》関節の脱臼、靭帯《じんたい》断裂の大ケガをしてから生活が変わりました。2週間に1回は治療院に行くようになり、年々体の痛みを感じるようになり、ヤクルトでは毎日のように体のメンテナンスを行うようになりました。

僕は「ケガに強い」と言われていますが、すべてのケガを乗り切れたわけではありません。19年の開幕3戦目で、死球を受けて左手親指を骨折し、戦線離脱したときはなかなかうまくいかなかった。

一日でも早く復帰したい一心で、ギプスで2、3週間固定したあと、外れたときにこっそりティー打撃をやっていたら、患部に痛みが走ったのです。個人トレーナー、球団のトレーナーと話し合いながら、リハビリを進めていましたが、自分の中では痛みが引くのを待っている時間はないし、痛くてもバットが振れるのに試合に出ないという選択肢はなかった。

ただ、予想以上に回復までが長引きました。痛みを緩和するクッションをバッティンググローブの中に入れたのですが、インパクトの瞬間に激痛が走る。詰まった打球だけでなく、芯でとらえても痛かった。無理してやっていたので手のひらの靭帯も痛めました。「そのうちよくなるやろ」と思ったけれど、全然痛みが引かない。

トレーナーには迷惑をかけました。試合に出ない選択肢がないので「痛いですよね」と心配されても、「痛くない、いける」と言って。痛み止めの注射も激痛が走りました。

左手をパーに広げられないので、守備のときにはグラブに手が入れられない。だから、グラブの親指の部分のひもを抜いてプレーしましたが、一塁の守備で牽制球が来たときにメチャメチャ痛かったので、テーピングでガチガチに巻いて、ミットの中に入れるプラスチックの緩衝材をつくってもらうなど、痛みを和らげるためにできることはすべてしました。

一塁の守備で捕球したすぐあとに、打席がまわってきたときも厄介でした。左手に痛みが走るのでコールドスプレーをずっとふりかけて。「大丈夫ですか？」と聞かれても「全然大丈夫！」と答えていました。「そんなわけないやろ」と思われていたのは間違いないのですが（笑）。

とにかく、痛みへの対策をとことんした。僕はバットを握る際に指につける、「詰まり止め」のリング（打ったときの衝撃から手を守る緩衝材）が嫌で、ずっとつけてこなかったけど、このケガ以降は痛みを和らげるために引退するまでつけていました。

ただ、バットを握った感覚がしっくりこない。外すことを考えたものの、痛みを考えるとその勇気がなかった。それまでは、プロ野球人生でバットの形状を変えることがほとんどなかったけれど、このときばかりはバットの長さを細くしたり太くしたり、いろいろ試しました。

僕はバットの握りが独特で、手のひらで丸め込むように握るのですが、そのスタイルだと痛くて振れない。握り方もさまざま試して、それでも最後までしっくりこなかった。技術的に変な癖がついた部分もあったと思います。

骨折して1カ月半も経たずに一軍復帰しましたが、結果を残せず患部も万全でないため、3週間後に再びファームに戻りました。一軍に、もう一度戻ることができず、このシーズンは22試合出場で打率・125、0本塁打に終わりました。

今振り返れば、リハビリの段階でもう少し慎重にやっておけば違った結果になったかもしれないと思います。このケガ以降、本来の打撃の状態を取り戻すことが最後までできませんでした。ただ、悔いがあるかと聞かれれば、ありません。ケガをしても試合に出られると判断したら出るのが僕のスタイルだった。これも自分の野球人生で宿命だったのかなととらえています。

「限界を超えることで得られるモノ」というテーマで、このケガのことを振り返るのはそぐわないかもしれませんが、僕は目に見える結果を出すことだけが、得られるモノではないと考えています。

指導者になって、選手と接するときに生かせれば、貴重な経験だったといえる。

自分の「しくじり」を伝えたうえで、ケガからの復帰であせる選手たちにドクターストップをかければ説得力が増すでしょう。

限界を超えることを積極的にはおすすめしませんが、今後の人生で決して無駄にはならないことは間違いないと思います。

39 普段と違う仕事で貴重な経験を得られる

野球で自分のスタイルを考えたとき、僕は4打席立ってナンボの選手だと思います。ヤクルトに移籍した16年、毎日スタメンで試合に出続けることで自分の修正ポイントをつかみ、試合ですぐに実践することができた。この環境が復活の大きなポイントになったと思います。

結果を残さなければ、スタメンで試合に出続けられるほどプロ野球は甘い世界ではありません。

僕はオリックス時代の14年に打撃の状態が上がらず、シーズン中盤以降はスタメンを外れて代打要員や守備固めで待機する機会が増えるようになりました。

その中で試合途中から出場する難しさ、スタメンで4、5打席立つのがいかに恵まれていることなのかに、気づかせてもらいました。

代打を経験して体感したのは、スタメンの1打席とまったく違うということです。スタメンで試合に出ると、1打席目で初球から振ったり、見逃したりすることで打席内の感覚をつかみ、2打席目以降に生かせる。

でも、代打は、ファウルの飛んだ方向が予想と反対だったとき、その打席内で修正する必要があります。スイングとイメージのギャップをどう処理するか。

試合に最初から出ていないので、試合途中に代打で入るのはフィジカル面でもメンタル面でも難しい。代打は試合終盤まで出番がないと、待つ時間も長い。打席に入る前はいろいろな準備を試しました。

本拠地・京セラドームは近くの部屋にダンベルがあるので、ウエートトレーニングして体をほぐしたり、ずっとバットを振ったりしました。結果が出なかったときは、逆に全然バットを振らず打席に向かったこともありました。代打で活躍できたら、もっと長く現役生活をできていたかもしれませんが、難しかったです。

代打で出場する時間は数分間です。長くても10分かからない。でもスタメンで1試合出るより、疲れます。体にかかる負担が大きく、重圧もかかる。

結果を残せなかったら、翌日に出番があるかどうかもわからないし、次のチャンスがいつ回ってくるかもわからない。メンタルコントロールも重要です。ヤクルトに移籍したときに監督を務めていた真中満さん、（川端）慎吾が代打で活躍しましたが、本当にすごいことだと思います。

打撃技術、メンタル、1打席で相手投手にアジャストする能力と求められる要素が多い。自分が経験したことで、代打で結果を出す選手たちへの尊敬の念がより強くなりました。1打席の重みもより一層強く感じるようになって、代打の大変さ、試合に出られなくなったしんどさを理解できた。試合に出場する意欲、飢えがさらに強くなりました。

代打で出場する機会が多かった14年は僕にとっても、チームにとっても、特別なシーズンになりました。森脇浩司監督に指名され、この年に小学校時代以来のキャプテンを務めました。

自分は言葉でチームを引っ張るタイプではないですが、森脇監督に「今までのスタイルでそのまま野球をやってくれ。必要だと思うときに話してくれればいいから」と声をかけていただいたのです。故障の影響もあり結果を残せないシーズンが続いていたので、復活のきっかけにしてほしいという監督の思いが伝わってきましたし、本当にありがたかったです。

この年は122試合出場で打率・235、2本塁打、40打点と期待に応えられず申し訳なかったですが、チームはソフトバンクと熾《し》烈な優勝争いを繰り広げ、直接対決となった「10・2決戦」でサヨナラ負けを喫し、惜しくも頂点に届きませんでした。

5年連続Bクラスから2位に躍進しうれしい気持ちと、優勝にあと一歩届かなかった悔しい気持ちが入り交じっていました。ソフトバンクは圧倒的に強かったですが、こちらは「下剋上」の感覚で、優勝から遠いからこそ、勝ちたいという思いを選手みんなが持っていた。

10・2で負けたときは悔し涙を流している選手もいました。大人が泣くとは、よっぽどのことです。泣いていない選手が悔しくないわけではないし、みんながそれだけ本気でした。僕も本当に悔しかった。でも、負けられない試合を経験したことは、チームにとって貴重だったと思います。

キャプテンとして何をしたというわけではないけれど、試合に出ないからといってふてくされるのは論外だし、立ち振る舞いが大事だと考えていました。自分自身の結果はよくなかったですが、主将を経験したことで心が鍛えられて成長させてもらったと思います。


人間は、自分の好きな役割で勝負したいと思うものかもしれません。一般企業の方で、希望の部署に配属されず悩んだり、自分のやりたい仕事とは違う役割を求められて葛藤したりしているという話を耳にします。不満や心のわだかまりを感じるときもあると思います。

ただ、不慣れなポジションを経験したことで、そのありがたみがわかり、視野が広がることもある。自分が不向きと思っていた仕事で楽しさに気づき、やりがいを感じることもあるでしょう。普段と違う仕事で得られる貴重な経験は、その後の人生できっと役に立つと思います。

40 二番目に好きなことを我慢する

プロ野球は毎日結果が出る世界です。活躍するためにはゲン担ぎにもすがりたくなります。

若手のときは、いろいろなゲン担ぎをしていました。

打てなかった翌日は自宅から球場に行く道順を変える。打てなかった日が続いたら、曲がる路地を変更したり、道を探したりしなければいけないので大変でした。球場に行く前や試合後に立ち寄るコンビニも変えたり、選ぶ缶コーヒーも変えたりしていました。振り返ればいろいろやっていましたね。

テレビを切るときなら8チャンネルでは切らない。センターを守っていたので8で切ると縁起が悪いかなって。「どこにこだわってんねん」という話です。今思えば全部必要なかったです。

ルーティンは年々少なくなりましたが、ケガをしないように、試合前にユニフォームに塩を振るのは続けていました。ヤクルトに移籍してからは、試合前に必ずやっていました。

それでも僕はゲン担ぎが少ないほうで、もっとたくさん持っている選手もいました。「グラウンドに入るときは左足から」とか、「ベンチからグラウンドに入るときの歩数を決める」とか。それが安心感につながればいいですし個々の自由ですが、ルーティンを忘れたときに自分のリズムが崩れるのはよくないかなと感じます。あまり神経質になると、ストレスになりますしね。

そもそも、人間にはやることが多いと思うのです。みなさんも起床から寝る前までで、生活のリズムがある程度決まっていると思います。歯磨き、食事、学生なら学校、仕事をしている人は職場に出かけて、主婦の方は家事で忙しい時間を過ごす。食事をして風呂に入って明日の支度をすると、一日があっという間です。

ゲン担ぎのために時間を費やすことが果たして必要なのかと考えてしまう。でも、若手の頃は結果を残すために運も味方につけたくて、ゲン担ぎだらけでした。

よい結果を残すために私生活でもいろいろな取り組みをしましたが、おすすめは、「二番目に好きなことを我慢する」です。

僕がやったのは2年間の禁酒でした。プロ5年目の07年に46試合に出場して、レギュラーをつかむためには意識を強く持たないといけないと感じ、オフから取り組むことにしたのです。体のためというわけではなく、これも願かけに近いのですが。

僕にとってお酒を飲むことは、もともとストレス解消の方法ではありません。お酒の席でみんなとワイワイ話すのが好きだったので、ノンアルコールでも気になりませんでした。一緒に食事に行く機会が多かった鈴木郁洋さんや赤田（将吾）さんにも理解していただいていました。「酒を飲まないようにしています」と言えば、みんなにわかってもらえます。

たまに飲みたくなるときがあるし、誘惑に負けそうになるときもありましたが、みんなの前で宣言することでブレーキがかかる。ただ、強い信念で始めたのではなく、軽い気持ちで始めたので、「レギュラーを獲るまで飲みません」などと威勢のいいことは言いませんでした。

あまり大きな目標設定をすると、息苦しくなってしまう。「とりあえず1年間は我慢してみよう」という感覚で。お酒が「二番目に好きなこと」というのもポイントでした。一番好きなことは、なかなかやめられない。でも、現状維持から意識を変えたい。そのために、二番目に好きなことだったら我慢できる。僕の一番目に好きなことは、みなさんの想像にお任せします（笑）。

禁酒した08年は142試合出場で、打率・278、2本塁打、32打点、13盗塁とセンターのレギュラーをつかんだので、翌09年も禁酒を継続することにしました。

このときは酒を飲まない日々が日常だったので、酒断ちをなんとも思わなかった。ただ、酒を一生やめると決めていたわけではなかったので、09年限りで禁酒を終えて、10年からは休前日に飲んでリフレッシュするようになりました。

その後も酒を飲む機会はありましたが、飲みすぎて野球に支障をきたすことはなかったです。お酒は仲間と食事を楽しむためのツールに過ぎないし、禁酒しても楽しい時間を過ごせたので、酒をやめようと思えばいつでもやめられるという感覚がありました。と言いながら、仕事を終えての一杯が今はメチャメチャおいしいんですけどね（笑）。

ゲーム、音楽、映画鑑賞など人によって趣味はそれぞれで、自分の心の支えになっていることも多いと思いますが、受験生や仕事で大事な時期を迎えている人は、スイッチを入れるために「二番目に好きなこと」を期限付きで我慢することも、一つの方法かもしれません。

自分の中で期限を設定しているので、永遠に断つわけではありません。僕の場合は禁酒でしたが、禁煙でもなんでもいいと思います。やめることで心身に強いストレスを感じるようだったら見直す必要がありますが、自分で設定した目標をクリアできたら自信にもなるでしょう。深く考えると一歩が踏み出せないので、最初は短い期限でチャレンジしてもよいと思います。

41 言葉で伝える難しさを知る

現役引退して、いろいろな仕事先にあいさつに伺う機会が増えました。就職活動ですね（笑）。その際に、難しさを感じるのが言葉の使い方です。

例えば、選手同士なら気心が知れているので、全部を言わなくても伝わっているだろうと思うし、沈黙が流れても会話を考える必要もなかった。でも、今は違います。僕のことを知っていらっしゃる方もいれば、わからない方もいる。自分のパーソナリティーを知ってもらううえで、言葉で伝える作業が大事になっていきます。

この本にも書きましたが、僕は野球しかしてこなかったので、ほかの仕事をしている方々にすごく興味を持っています。何か一つでも吸収できることがあればありがたいし、その仕事に少しでも自分が役立てるなら貢献したいという気持ちを持っています。

でも、その思いを言葉で伝えられなければ、ボタンのかけ違いになってしまいます。初対面の方と接する機会が多いのですが、「今の伝え方で大丈夫だったか」、「迷惑をかけないようにせんと」など、いろいろなことを考えてしまう。そこまで考える必要はないのかもしれないですけどね。やっぱり意外に繊細なのです（笑）。

2022年はヤクルトとオリックスが対決した日本シリーズ第6戦で、フジテレビでゲスト解説をやらせていただきました。それまではグラウンドでプレーする立場だったので、スタンドから見るのは不思議な感覚でした。

解説は、いつアナウンサーから話しかけられるかわからないため常に準備しなければいけないのですが、野球は状況が目まぐるしく変わるので、言葉を用意していたら局面が変わっている可能性があります。言葉をすぐに出さないといけないし、視聴者のみなさんにわかりやすく伝えるようにしなければいけません。メチャメチャ難しかったです。まだまだ勉強しなければいけないと痛感しました。

ただ、僕は現役引退したばかりで、選手心理がよく理解できる部分があります。外野手はなぜこの守備位置に守っていたのか、打者はこの場面でどんな心境かなど、それが正解かどうかわかりませんが、イメージしやすい部分はある。選手心理がわかるとプロ野球の奥深さを感じられると思うので、みなさんに伝えていきたいです。

解説に限らず、活字メディアのインタビューでも言葉の発信の仕方によって、とらえられ方が変わってくるので難しい。テレビやYouTubeなど映像のメディアでも、求められる役割が変わってきます。きっちりしたコメントを求められる場合があれば、少しくだけた雰囲気で面白いエピソードが必要なときもある。現場の首脳陣、選手たちに迷惑をかけないようにしながら、知っている選手たちの素顔を野球ファンに知ってもらえたらありがたいなという思いがあります。

みなさんは言葉で伝える難しさを感じたことがありますか。弁が立つ人がいれば、口下手な人もいる。僕は気心が知れた仲間内ではたくさん話しますが、そうでないときは、あまり自分から前に出るタイプではないので、口下手な人の気持ちはわかります。僕はユニフォームを脱いで、再スタートを切りました。人生は何歳からでも新しい自分に出会えると思います。一緒に頑張りましょう！

第7章

生きていることが幸せ

42

人と比べない

どの世界にも当てはまることかもしれませんが、プロ野球は実力の世界です。過去の実績は関係ありません。ベテランになると、「世代交代の波にあらがう」といわれますが、僕はその言葉があまり好きじゃありませんでした。

ヤクルトは若返りがスムーズにいき、外野陣は塩見泰隆、山崎晃大朗が一軍の戦力として活躍しています。それは彼らが若いからでなく、レギュラーとして試合に出られる実力をつけたからです。力があれば年齢を重ねても使ってもらえる。一軍で出場機会が減っていったのは自分の力がなかったからであって、ベテランだからではない。

実力の世界は言い訳ができません。だから、気持ちの整理がつきました。自分の力が足りないのは、自分のせい。ここには人と比べる、という感覚はありません。

人が成長するときに、「だれかと何かを比べる」という意識は邪魔になることが多いと思う。周囲を過剰に意識すれば、自信を失いやすくなります。「人は人」、「自分は自分」であって、比べることに意味がないからです。

これは、何かを伝えるときの、言葉の選び方にも関係してきます。

気になるのは、野球に取り組んでいる少年、少女に対して、指導者や親が「プロ野球選手は子どもの頃から猛練習をしていたのだから、あなたもやりなさい」と声をかけることです。プロ野球選手は才能だけでよい結果を出せるわけではなく、努力を重ねていることは事実です。ただ子どもたちは個々で努力のペースが違います。

僕は小学生のときに素振りノートをつけていましたが、ノートを書くのは三日坊主でやめてしまった。素振りをやることが目的ではなく好きだから素振りをしているのに、素振りノートをつけた瞬間にその練習が義務のように感じられて、ノートが続かなかったのだと思います。野球を好きだから、もっとうまくなりたいと思うから練習するのであって、練習のための練習や、周りに見せる練習は効果がないと思います。野球に限らず、子どものときには好きなことを続けられる環境を与えることが大事です。練習量を強制すると心が折れてしまう子どももいます。そんなかたちで野球を嫌いになるのは悲しいものです。注意の仕方で子どものモチベーション、成長する伸び率は変わると思います。

人が伸びる速度、年齢はそれぞれです。僕は小学生のときに一日何百回と素振りをしていたわけではありません。もちろん、中学、高校になれば練習量は必要ですが、小学生に練習量の必要性を伝えても、つらい気持ちになるだけだと思います。目先の結果にこだわる必要はない。早くから才能を発揮する子どもを見ると、親御さんはあせるかもしれませんが、大器晩成で一気に伸びる子どももいる。

プロ野球の世界にも30代以降に大ブレークする選手がいます。人生はいつ、どんなきっかけで花が開くかわかりません。

人と比べることが、すべて悪いというわけではありません。レギュラー争いをしている選手の頑張りが刺激になってレベルアップする選手はいるし、難敵の投手を打ち崩すため、打撃練習に打ち込んで力をつける選手もいる。

それは素晴らしいことですが、周りの人間と比べて自信を失い、自己肯定感が下がってしまうのはよい状況とはいえません。

ヤクルトのファームで若手に技術面で相談を受けた際、「自分の時代はこうだったから、こうしたほうがいい」とは言わないように心がけていました。時代が違うし、そのやり方が正しいとも言い切れない。僕はコーチではないですしね。

自分が学んで得た経験は伝えますが、取り入れるかどうかはその選手の自由です。まだファームで力をつけている段階ですが、若手の選手たちはそれぞれ特別な才能を持っています。長岡秀樹が高卒3年目だった2022年に遊撃のレギュラーに定着し、リーグ連覇に貢献したのがよい例です。

他人の能力をうらやましいと思っても、現実が変わるわけではありません。競争社会で結果を求められるからこそ、自分自身の人生を大切にしてほしい。親御さんも、自分の子と周りの子を比べないでほしいなと感じます。

43

子どもは楽しむのが一番

現役引退後、野球教室で教える機会が増えました。子どもたちが楽しそうに野球をしている姿を見ると、こちらもうれしい気持ちになります。

僕が中学時代に「神戸ドラゴンズ」でプレーしていたときは、安達智次郎さん（元阪神）が来てくれた。プロ野球選手はあこがれの存在だったし、うれしかったのを覚えています。自分がプロ野球選手になって、野球教室で子どもたちが喜んでいる姿を見ると、不思議な気持ちになりますね。

個人的な考えとしては、小学生は自分のやりたいようにやって、野球を楽しめばいいと思います。技術的に「ああしろ、こうしろ」と大人が言う必要はなく、自由に思いっ切りやってほしい。速い球を投げたいから思いっ切り腕を振って、遠くへ飛ばしたいからバットを思い切り振る。それでいいと思います。

空振りしてもいいし、コントロールが悪くて暴投になってもいい。楽しいのが一番です。楽しいから「うまくなりたい」と考えて工夫するようになる。技術は中学、高校と進めば身につきますから、小学生のときに詰め込む必要はありません。

気になるのは少年野球のチームの指導者、親がアドバイスしすぎることです。「もっとコンパクトに振ったほうがいい。それじゃ空振りする」、「四球が多いから、もっとコントロールに気をつけなさい」と口酸っぱく伝えている姿を見ると、複雑な気持ちになります。

もちろん、子どもにうまくなってほしい気持ちはわかりますが、小学生低学年の段階で、子どもの性格にかかわらず技術的な指導をする必要があるのかなと疑問に感じます。そもそも、野球に「この方法が正しい」という正解はありません。打撃は10回のうち3回打てば成功といわれる世界です。僕はNPBという日本最高峰の環境でプレーしましたが、どのやり方が正解とは言えません。

子どものうちはまず野球を続けるのが大事だと思います。小学生のときはボール遊びでいい。ゲームセンターみたいな感覚でいいと思います。親が子どもに夢を託す気持ちはわかるけれど、大谷翔平選手も野球が好きだから続けている。野球が好きだという根本の気持ちが大事だし、「今日はこのやり方を試そう」と自発的に創意工夫をくり返すことが、毎日野球を続ける理由になります。

子どもによって性格は違うわけやし、それぞれに合ったやり方がある。子どもは不満やつらいことがあっても親になかなか言えません。大人がどれだけ気づいてあげるか。子どもにチョイスさせてあげられる環境が大事だと思います。

大人が練習を何通りか伝えて、子どもに選ばせてあげる。楽なほうにいかせてあげればいい。ゲーム感覚でいいのです。いかに続けさせるかが大事。いくつかの方法だけ教えてあげれば、子どもは自分に合った方法を試すのが好きやから、自発的に取り組むと思います。その練習で、野球がうまくなる即効性を求める必要はありません。うまい、へたは関係なく、野球という遊びを楽しむこと。チームに入れば自然とチームワークを学ぶし、技術も身につきます。

僕も子どものときは「速い球を投げたい」、「遠くへ打球を飛ばしたい」という気持ちだけで、フォームがどうこうとは考えなかった。コントロールもずっと悪かったですしね（笑）。

今はSNSで、メジャーや日本球界を代表するいろいろな選手の動画を見られる時代なので、指導者は、子どもに「この選手を参考にしてほしい」という気持ちがあるかもしれませんが、投げ方、打ち方はその選手の個性です。

子どもが真似したいと思って選手の真似をするのはよいと思うけれど、気乗りしないまま強制されても面白くない。

主役は子どもですから、失敗しても責めないであげてほしい。試合でミスして怒鳴られると、子どもたちは萎縮してしまいます。「失敗できない」と自分を追い込み、野球をするのが苦痛になってしまうケースが、残念ながらあります。せっかく野球を好きになって始めたのに、大人たちの指導で嫌気がさしてやめてしまったら悲しいです。

僕が野球教室で小学生を教える際、「こうしないほうがいい」という否定的なことは極力言いません。「こういうやり方はどうかな？」と伝えるときがありますが、その通りにやらなくても全然いい。「坂口の逆をやったで」も大歓迎です（笑）。

野球がうまくなるためのヒントとして、後々気づいてくれればいいなぐらいで、忘れていても全然問題ありません。「坂口が来てくれた！」と喜んでくれるだけで十分です。僕も中学時代の野球教室で安達さんを間近で見てうれしかったように、プロ野球選手だった人間と触れ合ったことが野球を続けるモチベーションになる。そういう存在になれればうれしいです。

もし、野球をやっていた子どもが急に「サッカーをやりたい」と言って、サッカーを始めても僕はいいと思います。もちろん、プロ野球ＯＢとしては野球をやってほしい気持ちがありますが、それとは別に子どもには何か夢中になるものを見つけてほしい。夢中は「夢の中」と書きます。だから楽しいんですよ。もし、自分の意思で「サッカーをやりたい」と言って、夢中になれたのなら素敵なことです。

いろいろなことに挑戦して、続くものを見つけることが大事だと思います。それが野球でも、サッカーでもなんでもいい。今はゲームでeスポーツもありますし、運動が苦手でもそういう場所で輝けるかもしれない。

個人的には全国各地で野球教室を開いて、野球の楽しさを伝えたいという夢があります。「球が速くなった」、「打球が遠くへ飛んだ」という成功体験を積み重ねれば、子どもたちは野球が好きになる。そのためのお手伝いがちょっとでもできればと思います。指導者の方々や親御さんにも参加してもらって、笑顔の絶えない野球教室にしたいです。

44 脇役で輝く

僕は高校時代まで「四番・エース」で試合に出場することが多かった。でも、プロに入ったら、その形では通用しない。コントロール、スピード、高度な変化球を兼ね備えた投手たちがたくさんいるので、プロでは野手で勝負する選択肢しかなかった。僕より遠くへ打球を飛ばすホームランバッターもたくさんいるから、四番は打てません。

高校まで主役だったのに、プロに入ったら脇役にならなければいけない。ただ、僕は目立つのが好きな性格です。主役でなくても全然抵抗がありませんでした。脇役でも目立てますから（笑）。

野球はチームスポーツです。四番を打つ強打者の存在だけで、長いペナントレースを勝てるわけではありません。

チャンスメークする一、二番の出塁率が大事ですし、四番の前後を固めるクリーンアップ、ポイントゲッターとなる六、七番も重要な役割を担います。パ・リーグは指名打者制なので投手が打席に立ちません。九番に入る打者も、一番につなげる役回りとしてポイントを握ります。

投手も、エースがいたり、先発だけ強力だったりするチームが勝てるわけではありません。近年の優勝チームを見てもわかるように、救援陣が整備されているチームが強い。

ヤクルトは連覇した21、22年と2年連続で2ケタ勝利を挙げた先発投手がいませんでしたが、清水昇、今野龍太、木澤尚文、田口麗斗投手たちがセットアッパーとして安定した投球を続けて、守護神・マクガフにつなぐ勝利の方程式が確立されていました。彼らの存在なくしては白星を積み重ねられません。

投打でそれぞれが役割を全うして、勝利を引き寄せる。戦略、戦術も白星を重ねるうえで重要な要素です。個々の能力だけで勝てないのが、野球の奥深い魅力です。

僕はプロの世界で、一番打者として起用されることにやりがいを感じていました。チームの主役じゃないのに、初回の最初に打席に入る打者で、注目が集まる。先発投手の初球を見られるのが一番打者です。自分が塁に出れば点が入る可能性が高まりますし、先制のホームを踏めば試合の主導権を握れます。いかに打線に勢いをつけられるか。

ただ、毎回打てるわけではありません。投手も立ち上がりに細心の注意を払って投げてくる。超一流と呼ばれる投手と対戦するときは、打てる球が一球も来ないことも珍しくありません。

打てるに越したことはないけれど、凡打の打席のほうが多いのが現実です。大事にしていたのは、凡打の内容でした。

三振、打者の正面を突くライナー、平凡な内野ゴロ、外野フライと結果はさまざまですが、アウトになったとしても、自分のスイングができるか。

打席内容が打線に影響を与えます。中途半端なスイングをすると、後ろを打つ打者たちが「相手投手、今日は調子がいいんかな」と不安になる。ポジティブな凡打にするためには中途半端なスイングをせず、きっちり振り切る。

本当は出塁しなくてはいけないので、この考え方は逃げ道ではあるのですが、自分のタイミング、自分のスイングをして凡打したら、ほかの選手は「惜しかったな」と見え方が変わってくる。三振しても、「この投手は対処できるな」と思ってもらえるように。初回の打席はそればかり考えていました。

脇役でも自分の仕事を全うすれば、スター選手になるのが野球、スポーツの魅力だと思います。

巨人で活躍された川相昌弘さん（現巨人一軍総合コーチ）は通算533本の犠打で世界記録を樹立し、「つなぎ役」として打線に不可欠な存在でした。中日で鉄壁の二遊間を組んだ荒木雅博さん（現中日　軍内野守備走塁コーチ）、井端弘和さんの「アライバコンビ」にあこがれた子どもたちは多いと思います。（宮本）慎也さんも鉄壁の守備に加え、プロ野球界で唯一の通算2000安打、400犠打を達成して名球会入りしています。

名前を挙げさせていただいた方々はクリーンアップを打つ強打者ではないですが、与えられた役割を突き詰めて野球ファンを魅了してきました。

グラウンドでプレーしている選手たちを支えるスタッフたちも、大切な存在です。打撃投手、ブルペン捕手、トレーナー、スコアラー、スカウト……。縁の下の力持ちとしてチームを支えてくれています。

主役の存在だけでチームが成り立たないのは、プロ野球の世界に限った話ではないと思います。会社にも営業、総務、経理、広報……とさまざまな部署があります。どの部署が偉いと優劣をつけられるものではなく、会社が機能するためにすべての部署が必要です。

部活動もそうです。僕は高校時代、ベンチ入りメンバーから外れた部員たちから練習をサポートしてもらい、すごく助けられた。

下級生のときから試合に出ていましたが、試合に出られない先輩たちが練習を手伝ってくれる姿を見て、「当たり前やと思ったら絶対にあかん。感謝の思いを持ってグラウンドに立たないと」と強く感じました。

多くの人には主役になりたいという感情があると思います。僕もそうです。ただ、能力的に厳しいなと感じたら、違う役回りでも輝ける。

脇役かもしれへんけど、自分の人生では主役です。

地味に感じた役回りでも、与えられた持ち場を全うすることで、新たな道を切り拓けると思います。見ている人はしっかり見ていますから。

45 プレゼントをする

驚く方もいるのですが、僕はおかんにプレゼントを贈ることが習慣です。母の日、誕生日、クリスマスと年に三度。子どものときは迷惑ばかりかけていたので、プロ野球選手になったらこれぐらいはやろうと思って始めました。ただ、毎年三度プレゼントを贈り続けていると、ネタ切れになってきて（笑）。

靴、カバン、財布などいろいろ贈っていましたが、ある日、実家に帰ったときのこと。財布が棚に飾ってあったのです。「なんで使わへんの」と聞いたら、「もったいないやんか。大事にしないと」とおかん。使わなければ意味ないやろという話なのですが（笑）。

そんなこともあったので、最近は日用品を贈ることが増えました。夜にソファーで寝落ちすることが多いと聞いたときは、簡易型のベッドを買ったこともあったな。食べ物を贈ることもあります。22年はカニにしました。ふるさと納税で、おかんの誕生日のあとに届きましたが（笑）。

僕の中でプレゼントを贈るのは、自分本位の行動なのです。相手が、贈ったものを気に入るかどうかは正直、わからない。でも、そこを気にしても仕方ない。贈る相手のことを考えて、プレゼントを贈る過程が好きです。

おかん以外の人にも、友だち、後輩、お世話になっている人たちに、思いついたときにあげています。「おれには似合わんけど、あの人にはこの服似合いそうやな」、「凝ったものより日用品がええかも」、「野球道具が欲しいかな」といろいろ考えて。

普段、こちらが助けられていることのほうが多いので、喜んでくれればうれしいなぐらいの感覚です。現役時代もゴンゾー（横山徹也）やチームメートに贈っていました。日用品が多かったです。高価なモノを買っても気に入るか、わからないので（笑）。

相手を思う丁寧さが伝わればええかなって思います。

プレゼントを贈ると、贈るほうも大きなものを得られると思うのです。相手の喜んだ顔を見たらうれしいし、感謝されると自分の気持ちも前向きになれる。

プレゼントして、お返しが欲しいという感情はありません。もちろん、いただいたときはうれしいですよ。その気持ちがうれしい。時間を割いてプレゼントを選んでくれたんやなぁって。

プレゼントは贈るほうも、贈られるほうも幸せな気持ちになります。

モノを贈るだけがプレゼントではないと思います。

「おめでとう」とメールをするだけでも、喜んでくれるでしょう。凝った文面でなくてもいいと思います。

僕はおかんに一言だけメールすることもあります。「母の日やなぁ」とか。

ほかにも、実家に帰省するだけでも親御さんはうれしいでしょうし、長い間会っていない友人に連絡をとるのも真心がつまった行動です。相手を思いやる気持ちはどれも素敵なプレゼントだと思います。

プロに入って家を出るときには、おかんに手紙を書きました。

「ありがとうございました」と感謝の思いを綴って。

手紙は何回か書いていています。面と向かうと恥ずかしくて言えないので、文章で伝えている部分もありますね。プレゼントも同じことです。高価なモノでなくていいし、手間のかかるモノでなくていい。大切なのは気持ちですから。

46

住めば都と気づく

僕は兵庫県で生まれ育ち、近鉄時代は大阪・藤井寺市にあったチームの寮で2年間生活して、オリックスに移籍後は兵庫に戻り、ヤクルトに移籍してからはずっと東京に住んでいます。

自然が好きで、いい景色が見えると落ち着きます。

大好きなジブリの『耳をすませば』の舞台は、東京都多摩市の聖蹟桜ヶ丘がモチーフになっていると聞きましたが、あの坂道、丘の絵が特に好きでした。子どものときは、「いつか、ああいう坂を下ってみたいなあ」と思っていました。

ジブリ映画は小さいときに観て以来、大人になってからも繰り返し観ています。『となりのトトロ』も大好きです。あの世界観がええなぁと思うし、いつかああいう自然に囲まれた場所に住みたいなぁという思いがあります。蚊が嫌いなのでちょっと不安もありますが（笑）、秘密基地のような場所をつくってみたいというあこがれもあるのです。

主人公の一家が、越してきた家を掃除している場面が、またいいのです。ガラガラの扉がずっと開いている家を見ると、素敵だなと思います。僕が住んでいた昔の団地もあんな雰囲気で、ドアを開けっぱなしにしているのが不思議ではなかった。おばあちゃんの家も、ずっと扉が開いていたなと思い出したりして。

僕自身はプロ入り後、神戸に住む期間が長く、それもまた海が近いし好きでした。自然豊かとは違いますが、夜が静かなビル街も好きで、住んでいたこともあります。31歳のときにヤクルトに移籍して、人生で初めて東京に住むことになりました。遠征で何度も行っていても、住むとなると感覚が違います。「都会やなぁ」と思いました（笑）。

東京で浴びた「洗礼」は、今も鮮明に覚えています。車を買い替える時期だったのですが、東京は道路の渋滞がすごいので、「電車のほうが時間が読めるし、便利だよ」と教えてもらいました。

そして、自主トレで神宮球場に行くために都内の新居から駅に向かったところ、衝撃的な光景が目に入りました。時間帯が朝早かったのもありますが、電車の中に人がぎゅうぎゅう詰めになっている！「ウソやろ……」と。

高校時代にも電車が混雑するときはありましたが、あそこまで人が乗ることはありません。東京では、いざ自分が乗ると、あまりの混雑で身動きできない。「30歳を超えて、なんで満員電車に乗らなあかんねん！」と、悲鳴を上げたくなりましたが、世の中のお父さん、ＯＬのみなさんは毎日この電車に乗っているのですよね。コロナの感染拡大で働き方が変わった企業が多いと思いますが、「このラッシュに負けず、みんな頑張っているんですよ」と、言いたくなりました。僕が知らなかっただけで、だれに向けて言うとるのかはわからないですが（笑）。

東京の路線図は複雑で、乗り換えのときにどのホームに移動するのかもわからない。土地勘がないのもあるかもしれませんが、駅員さんに聞いたら丁寧に教えてくれました。練習より疲れました。神宮に着いたときはぐったりで（笑）、あの満員電車にもう一度乗る勇気はないので、新しい車に早く乗れるようにディーラーにお願いしました。

そんな感じで、東京に来てすぐにカルチャーショックを受けたのですが、いざ越してみると、自然に囲まれた場所も多くて住み心地はよかったです。まさに「住めば都」で、現役引退後も東京に住んでいます。

オリックスのときも関東遠征で来ていたので、知っているご飯屋さんはありましたが、東京に住んでお気に入りのお店も増えました。寿司、焼き鳥、肉が好きで、居酒屋が落ち着きます。

ちなみに、どうしても食べられないのはシイタケです。挑戦したけれどダメでした。ほかのキノコは食べますが、シイタケだけは小さなときから食べられない。トライした結果なので、これぱかりは仕方がないですね。

現役時代はなかなか落ち着いて旅行に行けなかったのですが、日本は全国各地に魅力的な土地が多いので行ってみたいです。特に遠征であまり行くことがなかった地域に興味があります。どういう環境で、どんなご当地料理があるのか知りたいですし、いろいろな人と知り合ってみたい。

旅番組もよく見ています。「いつか出たいなぁ」とひそかなあこがれがあります（笑）。

自分が住んだことのない場所に転居すると、当然不安を感じるでしょう。友人や家族がいない土地で心細さを感じるかもしれませんが、その土地に住むことでしかわからない魅力を体感できるはずです。最初は嫌がっていたのに、いざその土地に住むと、気に入って離れられなくなる人が、僕の周りにも多くいます。

お気に入りの居酒屋で

47

支えてくれる人たちを大事にする

引退試合を行ってもらえる選手はほんの一握りです。志半ばでプロ野球界を去る選手のほうがはるかに多い。僕はヤクルトの生え抜きでないにもかかわらず、引退試合を行っていただきました（＊209～212ページ写真。210ページは現役最後のヒットの全力疾走）。ほんまに幸せ者やと思うし、スタンドに背番号「42」のユニフォームがたくさん見えたときは心が震えました。

引退セレモニーが終わったあと、球場から引き揚げる際に深々とお辞儀させてもらいましたが、あのときは「やっぱり来年も現役でやる、言うたら怒られるかなぁ」と思っていました（笑）。「せっかくこんな大きな拍手をもらったのに、これで終わりなんやなぁ」と急に寂しさがこみあげてきました。

一人ひとりのファンのみなさんにお礼を伝えることはできないけれど、体がボロボロになっても動けたのは、みなさんの声援があったからです。コロナ禍では大声を出せず、手拍子での応援でしたが、選手にはしっかり届いていました。

僕は引退会見で、ファンサービスについて「上手だな、ああいうふうにしたいなと思う選手もいっぱいいましたけど、自分はできなかった。自分の場合はプレーで魅せるしかない。アウトになってもミスしてもすべて全力で取り組む。応援していただいて感謝しています」と話しましたが、ファンに対しての向き合い方は、自分の中でも葛藤があったのです。

応援してくださるファン全員にサインを書いたり、写真撮影ができたりすればいいのですが、時間の制約がある中、できないケースのほうが多い。書いてもらえなかったファンは「あと1、2分あったら」と感じるでしょうし、僕も申し訳ない気持ちになる。

それなら「坂口を観に球場に来てよかった」と思ってもらえるプレーを見せようと思ったのです。サインや写真撮影を控えるときも、迷いはありました。でも、中途半端なファンサービスはやめようと思った。

不器用な人間なのでうまく立ち回れない。チケットを買ってもらって応援してくれる人たちとともに、勝利に向かうために全力を出すことしかできなかった。自分のやり方が正しかったのかわからないですが、オリックス、ヤクルトで温かい声援を送っていただいたときに、自分のやり方は間違っていなかったかなとホッとしました。

21年の日本シリーズでヤクルトのユニフォームを着た僕に対して、オリックスファンから大きな拍手を送ってもらった。あの光景は一生忘れません。

プロ野球の世界に入ったとき、20年間も現役でプレーできると思いませんでした。近鉄で鈴木貴久さんとの出会いがなければ、すぐにクビになっていた可能性があるし、オリックスに移籍して1、2年目に結果が出なかったときは「いよいよやばいな」と考えたこともありました。

でも、近鉄、オリックスでコーチの方々がつきっきりで教えてくれて、もう一度やれと言われても無理な練習量をこなして、そのときは「クソッ」と思うときもあったけれど（笑）、指導者のみなさんのおかげで今の自分があります。

野球人生の始まりの場所が近鉄でした。入団して2年間しかいなかったし、一軍でもほとんど出場していない。正直、メディアにコメントを求められたとき、「近鉄を語る資格があるのかな」と考える時期もありました。

球団への思いは、何十年も近鉄で過ごした選手にかなわないものがある。でも、近鉄出身の選手が年々いなくなり、僕しかNPBにいなくなったときに、「最後の近鉄戦士」を背負う責任があると感じるようになりました。

一度でも近鉄のユニフォームに袖を通した以上、その重さを背負わないといけない責任がある。「自分に何ができるんやろうか」と考えたときに、1年でも長く現役でプレーするしかないと、いつしか思うようになったのです。

一軍の舞台で活躍することで、テレビのテロップに「最後の近鉄戦士」と出る。それだけでも、近鉄のときから応援してくれるファンへの恩返しになるかもしれないと感じるようになりました。

僕が近鉄に入ったときは、「いてまえ打線」と呼ばれる強力打線でメンバーも強烈でした。中村紀洋さん（現中日二軍打撃コーチ）、タフィ・ローズ、礒部公一さん、大村直之さん、吉岡雄二さん、水口栄二さん、川口憲史さん……。

高卒で入った若造の僕はファームにずっといて、「すごいなぁ」と、むしろファンに近い感覚で主力メンバーを見ていました。豪快で個性的な姿がかっこよかった。ファームの選手たちも練習では猛烈に自分を追い込み、一緒に食事に行くと、めちゃくちゃ食べるしお酒の飲み方も大胆で、男くささやかっこよさがあった。どこか家族のようなあたたかさもチームにはありました。

球団が突然なくなるとは思わなかったし、複雑な思いはありますが、自分のプロ野球人生の始まりをつくってもらった球団であることは変わりません。

年を重ねるにつれ、近鉄の在籍年数が短い、長いは関係なく、自分にも「近鉄の血が流れている」と誇りに感じられるようになりました。「近鉄で野球人生をスタートしてよかった」。今は心から思います。


20年間で通算1526安打をマークしましたが、ケガした試合しか覚えていないと言っていいぐらい悔しい思いのほうがよみがえります。サヨナラ安打も、猛打賞ももちろんうれしいけれど、その喜びは一瞬です。

どれだけ打っても、次の試合に向けて準備しなければいけないと考えると、もろ手を上げて喜べない。悔しい思い出ばかりがクローズアップされるのが、20年間のプロ野球人生の答えなのかなと思います。悔しい、腹立つと思うから次に向かって準備する。

悔しいという思いが、自分を突き動かす原動力だったと思います。

近鉄、オリックス、ヤクルトで過ごしたすべての時間が貴重な財産です。みなさんも長い人生でいろいろな時期があると思います。ときには悩んだり、悔しい思いをしたりするときもあるでしょう。でもその期間は決して無駄な時間ではなく、明るい未来を切り拓くための過程だと感じます。

その道を強行突破するか、違う道を選ぶか、第三の方法を模索するか。いろいろな選択肢がある中で決断したとき、局面は変わります。「止まない雨はない」という言葉があります。周りには、支えてくれる人たちが必ずいます。

僕は今38歳で、現役引退したこれからの人生のほうが長い。

ファンの方々には応援してもらった分、恩返しさせていただきたいと思っています。トークショーで自分の経験を話したり、ほかにもファン目線での要望も聞いたりしてみたい。「現役復帰してください」は無理やけど（笑）、それ以外のことは検討してやっていきたいです。無愛想で強面なイメージがあると思いますが、そんな怖い人間ではないので安心してください。

もちろん、僕を知らない人にも興味を持っていただくような活動もしなければいけないと思っています。坂口の名前が消えるか、消えないかは自分次第。そのためには日々勉強です。みなさんに支えられた野球人生で、今度は僕がみなさんを支えられるような存在になりたいです。

48 衣食住のありがたみを感じる

服に不自由することなく、温かいご飯が食べられて、帰る家がある。私たちはこの日常を当たり前だと思ってしまいます。僕もそうです。普段はなかなかそのありがたみに、気づけません。生まれてから不自由なく親に育ててもらって、家がない生活など想像できないからです。

そんな生活を送る中、1995年1月17日に起きたのが阪神・淡路大震災でした。僕は当時小学4年生。発生時刻は午前5時46分でした。

兵庫県明石市に住んでいたのですが、大きな揺れとともに目が覚めて、何が起きたのか理解できませんでした。家族は無事だったのですが、この震災で明石市の家屋が1万近く全半壊するという大きな被害を受けました。

最も大きな被害を受けたのが神戸市長田区でした。ひいおばあちゃんが住んでいたのですが、この地震で家はペシャンコにつぶれていました。

避難所になった学校の体育館に避難したひいおばあちゃんに食料を持っていこうと、自転車に荷物を積んで明石の自宅を出てみたら、建物が崩壊して路面も崩壊するなど景色が一変していました。道なき道もあり、車で20分の距離が5時間以上かかりました。

長田地区に近づくにつれ、被害状況もひどくなっていきます。震災から日が経っておらず、火事が完全に収まっていないので至る所で煙が出ていました。

「こんなに家ってつぶれるものなのか……」。ショックでした。自然には勝てない。人間にはコントロールできないんだと、思い知らされました。このときのことはすべて覚えているわけではなく、記憶が断片的な部分もあります。まだ子どもだったせいもありますが、ショックが大きかったのだと思います。

所属していた軟式野球チームについても、練習を再開した時期の記憶がおぼろげで、それどころではなかったというのが正直なところでした。ただ、好きな野球を続けられるなら頑張ろうと、それだけでした。

日本は自然災害が多い国です。地震、台風、洪水、土砂災害などあらゆる所での被害がニュースで報じられています。ただ、自分が被害に遭わないと正直、ピンとこない部分もあると思います。

僕は阪神・淡路大震災を経験したことで、災害に備えて自分が最低限、準備できることはしなければという考えを持つようになりました。あの恐怖を経験したら、だれもがそう感じると思います。

そして2011年3月11日に起きたのが東日本大震災でした。東北を中心に東日本各地が大きな揺れに襲われ、津波や火災で多くの方が亡くなり、被災されました。

僕はこのとき、オリックスで残留練習中でした。自宅に戻って、テレビをつけるとその映像に「え？」と呆《ぼう》然としました。

津波が陸を飲み込み、海とつながっているような光景で、言葉が出なかった。事の重大性がすぐに理解できなかった子どもの頃とは違うので、阪神・淡路大震災より衝撃が大きかったです。

開幕前のオープン戦の時期でしたが、震災で被害を受けた状況に配慮して、日程が大幅に変更になりました。

3月12、13日に開催予定だったプロ野球のオープン戦は全試合中止となり、ロッテ、西武、ヤクルトはその後に本拠地で予定されていたオープン戦をすべて中止としました。楽天の選手たちは震災から1カ月近く、仙台に戻れませんでした。

震災のショックが大きい中、プロ野球の開催については賛否両論が飛び交いました。僕個人としては、「野球をやってええんかな……」という複雑な気持ちがありました。僕だけでなく、ほかの選手にもあったと思います。

野球をやるモチベーションがないというのではなく、「日常生活がままならない状況で、野球をしていいのだろうか」と。「野球以外に手伝えることがあるんじゃないか」と考えていました。「体力のある人たちがそろっているから、微々たるものかもしれないけれど、何かできることがあるのかな」と。何が正解かもわからないですし、本当に難しい判断だったと思います。

プロ野球は当初の3月25日開幕予定から、4月12日セ・パ同時開幕に。節電のため公式戦は特別ルールで行われました。「試合開始から3時間30分を超えて9回を超える新しいイニングに入らない」という延長戦の規定が設けられたのです。

一度決まったら、全力でプレーするのが僕たちの仕事です。「被災者の方々に勇気を与えたい」なんて、おこがましいことは考えていません。大変な生活を送っているみなさんがプロ野球を見聞きすることで、少しでも息抜きになればいいなと、そんな気持ちでした。

あの震災から12年が経ちました。復興が進んでいる地域はありますが、被災した方々の心の傷が癒えることはないと思います。家族や大切な方々を亡くされた方もいます。

衣食住に困らない日常は当たり前ではありません。

世界を見ると各地で紛争が起きています。満足に食事がとれず、住む家がなく困っている人たちがたくさんいます。そう考えると、野球で悩んでいることがちっぽけに思えます。平和が成り立っているうえでスポーツをやらせてもらっていることを、かみしめなければいけないなと感じます。

49 母の教えを守る

家族にはいろいろなかたちがあると思います。僕が中学3年のときに両親が離婚したので、うちは母子家庭でした。おかんは女手一つで僕と妹を育てなければいけない。昼も夜も働いている姿を見て、子ども心に「生活が大変だな」と感じる部分がありました。特待生で高校に進学し、プロに行きたいと思ったのは、「おかんを楽させたい」という思いが一番でした。

神戸国際大付属高は寮生活ではなく、自宅から通学する生活でしたが、おかんと顔を合わせることがほぼなかった。

僕が学校に行って授業を受け、練習を終えて夜に帰ってくるときは、おかんが働いています。家に戻ってくるのは深夜すぎ。僕は寝ています。学校に行くために起きるときに、おかんはもう出かけている。当時は仕事をかけ持ちして、ほとんど寝ていなかったと思います。

家にいても親がいない。でも、その状況を寂しいとは思わなかった。おかんが頑張って家族のために働いている姿を知っているからです。僕はやんちゃな部分もあったので、たまに会ったら言い争いになるときもあったけれど、口を利かない関係にはならなかった。

反抗期らしい反抗期はありません。世間から見れば裕福でなかったかもしれませんが、僕は家族の絆を感じて幸せでした。

おかんのすごさを感じたのは、自分がプロに入って年を重ねてからだと思います。

高校時代、棚に置いてあるおちょこみたいな壺に、千円札が一枚入っているのが毎日の決まりでした。僕は起きたら、壺からそのお札をもらいます。千円札は毎日補充されるように入っていて、授業がない土日にもありました。

1カ月で3万円になります。学校の食堂でご飯を食べても千円を使い切ることがない。だから、お小遣いで困ったことがありませんでした。

野球用具が必要なときは、別にお金を出してくれたし、靴や洋服も買ってくれました。お金が満足にあるわけではないのに、「苦しかったやろうな」と大人になって思います。

息子にはお金の心配をさせたくないという思いがあったのかもしれません。僕はプロ野球の世界に入って、大きな買い物をするときもあったけれど、自分の金銭感覚は大事にしていました。プロ野球が一般の仕事よりお金をいただけていることは当たり前じゃないし、プロとしてそれに見合うプレーを見せなければいけない。おかんに育ててもらって、お金のありがたみ、物のありがたみはわかっているつもりです。

だから契約金を全額渡すとか、1年に三度プレゼントをするとか、それは親孝行でもなんでもない。あのときの苦労を考えれば、恩返しできているとも思っていません。

ファンのみなさんに応援していただいたように、おかんも応援してくれました。

活躍したときは新聞を買って、記事を切り抜いてスクラップしていました。

年末に実家に帰省するのですが、僕が出た試合をビデオで録画して保存している。「あの試合、録画しとるで」と声をかけてくるのです。「なんでオフに、見なあかんねん」って返しましたが（笑）。

でも、家族に喜んでもらえるのはうれしいです。活躍してマスコットやグッズを球団からいただいたら実家に送っていました。妹とはなかなか会えないけれど、結婚して子どもがいるので、実家にお年玉を置いて帰っています。メールで「ありがとう」と連絡が来ますが、それで十分です。


現役を引退するかどうかで揺れ動いていた22年の秋に、お世話になった人たちに電話をしました。最初は「まだできる」と励ましてくれる人が多かったですが、おかんは違いました。僕が話し始めて間もなく、こう言うのです。

「きれいにやめられる場面をもらえるなら、きれいにやめや」

続けるかやめるか迷っていると言いながら、僕は半分以上やめる気持ちに傾いていた。その思いを最初から完全に見透かされていましたね。ヤクルトに移籍したことを二人で振り返り、「拾ってもらってありがたかったなぁ」とも言っていました。
電話で話した時間は5分ぐらい。でも、この電話で気持ちが楽になったような気がしました。

おかんには「ほかの人に迷惑をかけるな」と口酸っぱく言われてきました。子どもの頃は自分が、投げても打っても一番うまかった。活躍することが多かったけれど、おかんが大事にしていたのはそこじゃない。

味方のミスに腹を立てたらメチャメチャ怒られて、チームの輪を乱す行動は絶対に許さず、「謝りに行け！」と言われていました。高校の野球部の監督だった青木尚龍先生もそうですが、「周囲への感謝の思いを忘れないように」という教えが、僕の人格形成に大きく影響を及ぼしていると思います。

母子家庭の自分が珍しいとは思いません。家族のあり方もそれぞれです。血がつながっている、つながっていないという問題ではなく親に大きな愛情を注がれた子どもがいるし、両親がいなくても施設で大切に育てられた子どももいる。それぞれが幸せになる道があります。僕は子どもが大好きで、プロ野球選手にならなかったら、幼稚園の先生になりたかったのです。

子どもが虐待されるニュースを見ると、つらく悲しい気持ちになります。子どもは親を信じるしか道がない。なのに、なんで裏切るような、傷つけるような行為をするんやろって……。

子どもが悪いことをしたら、親に叩かれる。僕が少年時代はそれが当たり前の時代でした。今は賛否両論あると思いますし正解が何かは言えませんが、しつけをする親も悲しい思いで叩いていたと思います。

でも、虐待は違う。子どもの体と心に大きな傷をつける犯罪行為です。命を落とす子どもがいますし、助かっても子どもの悲しい思いは消えません。

子どもは宝です。世界中の子どもたちが幸せになるように願うばかりです。

50 大好きという気持ちを大切にする

僕は熱しやすく、冷めやすい性格だと思います。

小学生のときは、野球のほかには空手やサッカーをしていた時期があったけれど続かなかった。野球と一緒に好きでやっていたのは、音楽です。小学1年生のときからエレクトーンの教室に6年間通って、楽器に触るのが好きでした。

近所でよく遊んでいたお兄ちゃんがベースやギターを弾いていたので、自分も真似をして触っていた。高校のときは仲間たちと路上ライブをやっていました。歌うのも好きでオリジナルの曲をつくって披露することも……この思い出は恥ずかしいので、あまり触れたくないですが（笑）。

プロに入ってからも路上ライブを何回かやりました。学生の延長で、楽しいからやっていたのですが、ある日、近鉄の先輩だった岩隈久志さんにその様子を見られた。「あっ、お疲れさまです！」とあいさつしましたが、「なんでバレたんやろ……」って。

よくよく考えたら、人通りが多い、大阪の繁華街で知られる天王寺でやっていたら、バレるのは時間の問題だったと気づくのですが。噂が広まって、新聞に取り上げられて……。そりゃ格好のネタになりますよね。あれ以来、路上ライブはやめました。

記者の方に三味線をいただいて、やってみたこともありましたが、続かなかった。音楽への情熱が消えたんかな（笑）。

現役引退後、いろいろな人に音楽活動を再開するかと聞かれますが、もうやらないです。持っていたギターは友だちにあげたし、そんなにくわしくないですしね。19歳のときに引退です。野球より未練なく、スパッとやめられました（笑）。

最後まで続いたのは野球だけです。「野球がなかったら、どんな人生になっていたんやろう」と、ふと思います。野球を続けたことで、人として多くのことを学べたし、勝負の厳しさやチームプレーの重要性……周りの優しさに気づけました。

プロ入り後は野球を楽しいと思ったことがありません。

「お金をもらってプレーするのがつらい」というのは、矛盾しているように感じるかもしれませんが、自分が未熟だったので思い描いたパフォーマンスが発揮できず、チームに迷惑をかけたときのほうがはるかに多かったですから。

悩んで、悩んで、夜も寝つけず寝不足になるのが日常でした。年を重ねると、度重なるケガで体が思うように動かなくなる。痛み止めの注射を打ってもらって、注射の効力が消えると、家で這《は》いつくばって生活していました。寝返りするだけで激痛が走る。

でも、試合に出たら、言い訳ができない。お客さんに喜んでもらうプレーを見せてチームの勝利に貢献しなければいけません。ただ、振り返ると、「使命感」だけが体を突き動かしていたのかといったら、違うと思い返すようになりました。

体中が痛くても、結果が出なくても、なぜユニフォームを着てグラウンドに立つのか。逃げたい、しんどいと思っても、白球を追うことを逃げずに続けられたのか。
野球が大好きだからです。

現役は引退しましたが、僕の野球人生はまだ続きます。少年野球で教える機会をいただいていますが、海外の野球にも興味がありますし、ほかにもいろいろなカテゴリーの野球を見てみたい。

２０２３年2月から、熊本の独立リーグ・九州アジアリーグ「火の国サラマンダーズ」の臨時コーチのお話をいただきました。打撃、守備を含めた指導を1年間行うことになりましたが、責任重大です。角中勝也選手（ロッテ）、又吉克樹投手（ソフトバンク）、湯浅京己投手（阪神）のように、独立リーグからＮＰＢの世界に入り、大ブレークした選手たちがいます。大きな可能性を秘めた選手たちと携われることは、僕にとっても大きな財産になります。

また、関西で中学のクラブチームも指導させてもらっています。一口にアマチュア野球と言ってもカテゴリーやレベルはさまざまで、プロ野球とは違った独自のカラーがあると思います。

女子野球、子どものときに五輪で見てきたソフトボールにも興味があります。僕の経験が役立つのであれば還元したいですし、こちらが教わることもたくさんあります。さまざまな環境で指導者として武者修行をしたいです。

才能の生かし方次第で、大きな伸びしろを持った選手たちがいます。僕の考えを強制するつもりはなく、積極的にコミュニケーションをとって少しでも選手たちの力になりたい。成長を間近で見られる過程が、本当に楽しみです。

大好きな野球に一生携わっていきたい気持ちがある一方で、新しい世界にチャレンジしたい思いもあります。仕事でいろいろな企業にあいさつに行くと、その仕事の仕組みを知りたくなります。「この部署はどういう仕事をしてるんやろ」、「これはどういう作業なんかな?」とキョロキョロしている（笑）。

パソコンを使ったことがなかったので、早速ノートパソコンを購入しました。今はタイピングが上達できる子ども向けのアプリを登録して、毎日パソコンに触っています。地道に日々コツコツと。野球と一緒です（笑）。

プロ野球を引退した選手がアマチュアを教える際には資格の回復が必要で、その「学生野球資格回復制度」の研修では、500字以内のレポートを書くためにパソコンで初めて文章を書きました。

文章を書くことは好きなのですが、ノートパソコンを使って初めて執筆できたことに感動しました。

プロ野球の世界で20年間の現役生活を送りましたが、引退後に過ごす年月のほうが長いです。自分自身への戒めとして忘れてはいけないのは、「野球あっての坂口」だということです。長い間応援していただいたみなさんにこれからも応援してもらうために、坂口の名前を消さないでいられるかどうかも自分の努力次第です。

謙虚な気持ちでいろいろなことに挑戦して、「坂口に頼んでよかった」と思ってもらえるように信頼を積み重ねていきたい。

そして、NPBの舞台に指導者として戻りたいという思いもあります。

僕が（鈴木）貴久さんに教えていただいてプロで生きる道標を見つけられたよう

に、携わった選手の心に少しでも何かが残る指導がしたい。

そのためには、野球を外から勉強するだけでなく、野球以外の分野からも学ぶべきことはたくさんあると思います。指導内容だけでなく、選手の性格に合わせた言葉の伝え方、声をかけるタイミングも、個々の能力を伸ばす手助けをするうえで重要な要素です。

最後になりますが、人は生きているだけで幸せだと思います。

生きていれば、苦しいときもありますが、何があってもやり直せる。つらくなったら逃げてもいい。逃げてもええねんと気楽に行けば、自分らしく前に進めます。歩くうちに新しい出会いや気づきがあって、この道が好きなんやと、また一歩、次の一歩と進んでいける。

自分と、自分の道を大切に――。

みなさんへ、そして僕自身へも贈りたい言葉です。

おわりに

この本を手に取って最後まで読んでいただき、ありがとうございました。
プロ野球という華やかな世界。
プロ野球の世界に限らずみなさんが目指している、目標にしている大きな舞台。
そこに立つのは、ストイックで強い人、常に意識が高い人、
などというイメージがあるのではないでしょうか。
でも、こんな考え方の自分でも、こんな地味なプレーヤーの自分でも、
20年もの長い間、プロ野球の世界で生きていけたのです。

自分の考えが正しいとは思っていません。ただ、このくらいの考え方でも
20年できたんやと、ほんの少しでも心に残るところがあったらうれしい。
そんなんでいいんや、そんな考え方もあるんやと、
気持ちを楽にしてくれたらうれしいです。

正解なんてないので、楽に、楽に。

決断したなら、前に、前に。

自分がいっぱい悩んで考えて、出した方法や結果が、成功だったらもちろん正解。失敗と思っていても、次にまた考えて、いろいろな道が浮かぶから、はい！　それも正解。そのくらいでいいと思います。

ポジティブだろうがネガティブだろうが、正解は正解ですから（笑）。

でも、最後の最後にひとつだけ。
自分がかっこいいなと思う人、こんな人になりたいと思う人、尊敬する人に共通する部分があります。

どんな人にも些細なことにも、感謝の気持ちを、ありがとうを、
言葉に出せる人です。伝えられる人です。

だからではないですよ（笑）。

この本を読んでいただいたみなさま、つくるのに携わってくれたみなさま、

本当にありがとうございました！

またどこかでお会いできますように。
いつかまた別の一冊をお届けできるように、勉強し成長していきます！

2023年6月　坂口智隆

打点	盗塁	盗塁刺	犠打	犠飛	四球計	死球	三振	併殺打	打率	長打率	出塁率	チーム順位
0	0	1	0	0	1	0	2	0	.200	.200	.333	3
0	0	0	0	0	1	0	0	0	.000	.000	.200	5
0	0	0	0	0	0	0	1	0	.167	.333	.167	4
2	3	1	1	0	3	0	6	1	.091	.227	.200	5
8	4	1	6	0	5	1	21	0	.241	.299	.273	6
32	13	3	17	4	23	4	77	9	.278	.339	.310	2
50	16	4	8	4	52	4	81	8	.317	.416	.381	6
50	12	6	7	1	52	4	77	13	.308	.427	.371	5
45	5	5	2	1	54	4	77	11	.297	.369	.359	4
8	2	2	2	0	5	0	13	0	.228	.253	.252	6
24	2	2	10	2	44	1	48	4	.230	.313	.309	5
40	3	2	10	0	47	2	45	4	.235	.300	.336	2
5	1	0	1	1	12	0	18	1	.262	.355	.333	5
39	7	4	5	5	63	8	66	5	.295	.340	.375	5
38	4	3	5	3	59	5	76	6	.290	.350	.364	6
37	9	7	7	2	75	3	60	15	.317	.394	.406	2
2	0	0	1	0	10	2	13	2	.125	.141	.263	6
36	4	5	3	3	47	7	60	8	.246	.354	.334	6
0	0	3	1	0	4	2	12	0	.160	.180	.250	1
2	0	0	0	0	3	1	13	0	.279	.349	.340	1
418	85	49	86	26	560	48	766	87	.278	.354	.349	

坂口智隆　通算成績

年度別打撃成績

年度	年齢	所属球団	試合	打席	打数	得点	安打	二塁打	三塁打	本塁打	塁打
2003	19	大阪近鉄	1	6	5	0	1	0	0	0	1
2004	20	大阪近鉄	7	5	4	1	0	0	0	0	0
2005	21	オリックス	6	6	6	1	1	1	0	0	2
2006	22	オリックス	28	26	22	3	2	0	0	1	5
2007	23	オリックス	46	149	137	13	33	6	1	0	41
2008	24	オリックス	142	588	540	68	150	15	6	2	183
2009	25	オリックス	137	594	526	82	167	23	7	5	219
2010	26	オリックス	138	622	558	84	172	31	10	5	238
2011	27	オリックス	144	651	590	84	175	20	7	3	218
2012	28	オリックス	40	165	158	7	36	2	1	0	40
2013	29	オリックス	97	440	383	47	88	13	5	3	120
2014	30	オリックス	122	382	323	33	76	5	5	2	97
2015	31	オリックス	36	121	107	8	28	7	0	1	38
2016	32	東京ヤクルト	141	607	526	74	155	14	5	0	179
2017	33	東京ヤクルト	136	607	535	51	155	16	2	4	187
2018	34	東京ヤクルト	139	595	508	64	161	22	4	3	200
2019	35	東京ヤクルト	22	77	64	2	8	1	0	0	9
2020	36	東京ヤクルト	114	458	398	55	98	14	1	9	141
2021	37	東京ヤクルト	25	57	50	7	8	1	0	0	9
2022	38	東京ヤクルト	24	47	43	2	12	3	0	0	15
		通　算	1545	6203	5483	686	1526	194	54	38	1942

年度別守備成績

年度	年齢	所属球団	一塁						外野						チーム順位
			試合	刺殺	補殺	失策	併殺	守備率	試合	刺殺	補殺	失策	併殺	守備率	
2003	19	大阪近鉄	-						1	4	0	0	0	1.000	3
2004	20		-						3	2	0	0	0	1.000	5
2005	21	オリックス	-						2	2	0	0	0	1.000	4
2006	22		-						17	9	0	0	0	1.000	5
2007	23		-						43	84	2	1	0	.989	6
2008	24		-						139	283	7	2	0	.993	2
2009	25		-						137	247	14	2	1	.992	6
2010	26		-						136	266	7	1	1	.996	5
2011	27		-						144	289	7	0	3	1.000	4
2012	28		-						38	70	2	1	1	.986	6
2013	29		-						97	169	4	3	1	.983	5
2014	30		-						116	194	2	1	1	.995	2
2015	31		-						34	68	1	0	0	1.000	5
2016	32	東京ヤクルト	-						133	286	9	0	3	1.000	5
2017	33		-						136	259	7	1	1	.996	6
2018	34		98	783	49	5	58	.994	71	70	2	0	0	1.000	2
2019	35		10	72	9	1	5	.988	9	17	0	0	0	1.000	6
2020	36		47	363	17	1	37	.997	68	91	2	2	0	.979	6
2021	37		-						14	16	0	0	0	1.000	1
2022	38		-						10	11	0	0	0	1.000	1
通算			155	1218	75	7	100	.995	1348	2437	66	14	12	.994	

坂口智隆　通算成績

[タイトル]
最多安打(2011年)

[主な表彰]
ゴールデン・グラブ賞(4回＝2008年〜2011年)
月間MVP(2011年6月)
セ・パ交流戦日本生命賞(2011年)

坂口智隆　さかぐち・ともたか

1984年7月7日生まれ、兵庫県出身。181センチ82キロ、右投げ左打ち。神戸国際大付属高では2年時に春の甲子園に出場。卒業後、ドラフト1巡目で2003年大阪近鉄バファローズ入団。

04年オフに「球団消滅」、分配ドラフトによりオリックス・バファローズへ。08年から外野の定位置を獲得し、走攻守そろったプレーでファンを魅了した。同年以降4年連続でゴールデン・グラブ賞。11年には全144試合に出場しリーグトップの175安打を記録。12年5月にはダイビングキャッチの代償で右肩に大ケガを負うが、不屈の闘志を見せて9月には実戦復帰した。15年オフに退団。東京ヤクルトスワローズに移籍した16年に外野のレギュラーの座をつかんだ。18年には一塁手としても活躍。後半戦からは一番に座り、出塁率.406を誇る斬り込み隊長として、チームの2位躍進に貢献した。19年に死球で、21年は自打球で戦線離脱。「最後の近鉄戦士」の看板を背負って痛みと戦いながら死力を尽くし、自身のラストゲームで通算1526本目の安打を放った。22年シーズンをもって現役を引退。現在は野球評論家として活動中。

逃《に》げてもええねん
弱《よわ》くて強《つよ》い男《おとこ》の哲学《てつがく》

2023年6月30日　第1版第1刷発行

著　者　坂口智隆《さかぐちともたか》
発行人　池田哲雄
発行所　株式会社ベースボール・マガジン社
〒103-8482 東京都中央区日本橋浜町2-61-9
TIE浜町ビル
電　話　03-5643-3930(販売部)
03-5643-3885(出版部)
振替口座　00180-6-46620
https://www.bbm-japan.com/
印刷・製本　広研印刷株式会社

Printed in Japan
ISBN978-4-583-11588-7　C0075
JASRAC　出　2303562－301